JN439071

# 불멸의 명화

김선경 수필집

# 불멸의 명화

**초판1쇄 발행** 2021년 12월 3일

**지은이** 김선경
**펴낸이** 이길안
**펴낸곳** 세종출판사

**주소** 부산광역시 중구 흑교로 71번길 12 (보수동2가)
**전화** 463－5898, 253－2213~5
**팩스** 248－4880
**전자우편** sjpl5898@daum.net
**출판등록** 제02-01-96

ISBN 979-11-5979-476-6 03810

정가 15,000원

# 불멸의 명화

김 선 경 수필집

세종출판사

# 작가의 말

어릴 적 교과서에 실려 있는 나다니엘 호손이 쓴 ≪큰 바위 얼굴≫을 읽고 깊은 감명을 받은 적이 있다. 우연찮게 구덕산 정상에서 아래를 내려다보고 있는 커다란 바위가 꼭 사람 얼굴 형상을 하고 있어, 내가 사는 동네에서도 작품 속의 주인공처럼 훌륭한 인물이 나올 거라고 생각한 적이 많았다. 그게 나였으면 하는 마음도 몰래 간직한 채로….

세월이 흘러 그 꿈 많던 소년이 손자의 재롱에 마냥 행복해하는 바보 할아버지가 되었다. 비록 꿈은 이루지 못하였지만, 헤르만 헤세의 ≪페터 카멘친트≫ 속의 주인공이 그랬듯이, "어쩌면 그걸 새로 시작하고 진행해서 완성하는 때가 언젠가 올 것"이라는 희망을 여태 간직하고 있는지도 모른다. 무지개를 좇아 평생을 쉼 없이 달려온 우리네 인생살이처럼.

공직에서 은퇴 후, 방송대 국어국문학과 3년, 부경대 평생교육원에서 2년을 담금질했다. 거기에 내가 살아온 60여 년의 세월을 보태었다. 내가 쓰는 수필은 이 갈래의 논리적이며 지적인 성격을 지닌 중수필과는 거리가 있다. 그저 누군가 기억하고 기록하지 않으면 흔적도 없이 사라질 바로 우리들의 평범하고 자질구레한 이야기라는 사실을 먼저 이해해 줬으면 한다.

책은 1부 어린 시절에서, 2부는 군대, 직장, 낚시 이야기 등 사회생활 전반을, 3부는 가족과의 애환을, 4부는 배움, 여행, 다시 어린 시절에서 현재로 회귀하는 순으로 엮었다. 아직 설익은 솜씨로 서둘러 책을 묶는 것은 가물거리는 기억마저도 잃을까 두려워서다.

한참 엇길로 간 나를 바른길로 이끌어 주신 부경수필아카데미 박양근 지도 교수님께 감사드린다. 지루한 습작들을 싫은 기색도 없이 몇 번씩 읽고 조언해 준 아내에게도 고맙다는 말을 전한다.

2021 신축년辛丑年 끝머리에

김선경

# 차례

## 제2부 술이 빚은 만상

## 제3부 도롱뇽의 승천

## 제4부 동행

# 제1부

# 개천가의 아이들

삶의 흔적 · 개천가의 아이들 · 그 시절, 그 형들 · 해거름에 서서 · 달에 비친 세상 · 어머니의 호박밭 · 모자의 눈물 · 긴 잔상 · 불의 정화

# 삶의 흔적

사람은 왔으면 가야 한다. 끝없이 머무를 수가 없다. 그래서 왔다간 흔적으로 후세에 뭔가 남기기를 원한다. 그런 간절함이 "호랑이는 죽어서 가죽을 남기고, 사람은 죽어서 이름을 남긴다虎死留皮 人死留名."라는 속담에 고스란히 묻어나 있다.

양력으로 1월 2일에 태어나서 서른일곱 온살 배기 아들과 결혼 문제로 한참 실랑이를 할 때다.

"나중에 나이가 들어 아프면, 누가 너를 보살펴 주겠니?"

"아빠가 그런 걱정을 왜 하세요?"

아들이 세게 나온다. 가만히 생각하니 아들놈이 나이가 들어 아플 때는 나는 이미 이 세상 사람이 아닐 게 분명하다. 마음이 상해도 어쩔 수가 없다. 방을 얻어 독립해 나간 아들과 마주치기만 하면 얼굴을 붉히다가, 그날 이후로 휴전상태가 되었다. 가정이 그렇게 평화로울 수가 없다.

아들도 내가 그런 말을 안 하니까 마음에 여유가 생겼는지, 매일 저희 엄마한테 전화를 해서 안부를 묻는다. 일주일마다 꼬박꼬박 찾아와서 문안인사도 한다.

"며느리가 있으면 아들이 저러겠나?"

"어림도 없지요. 요즘 세상이 어떤 세상인데…."

우리는 아들이 혼자 사는 게 오히려 다행이라고 생각할 정도로 호강에 겨웠다.

시대의 흐름을 보면, 주자가례에서 말하는 관혼상제冠婚喪祭 중 상喪과 제祭의 정립이 필요한 시점이 된 것 같다. 비혼 독신 자녀의 증가와 결혼을 하더라도 출산을 기피하는 현상 때문에 후손이 끊긴 경우가 속출한다. 장례문화는 매장에서 화장으로 바뀐 지 오래다. 이런 추세라면 납골당에 안치한 유골을 관리할 사람도 없을 게다. 모두의 육신이 한 줌의 재로 변해 허공으로 사라질 것이 기정사실처럼 보인다.

제사도 아들, 딸이 살아 있는 세대까지는 어떻게든 명맥은 유지할는지 모르나 미래의 가족 구조상 끝내 종식을 고할 것이 확실시된다. 매장한 산소가 없으니 이름자 적힌 비석이 없겠고, 납골당의 위패도 치워지고 없을 것이다. 이 세상에 왔다간 흔적은 자식들이 죽거나 나이가 들어 기억을 상실하는 병에 걸리면 어디에도 남아 있지 않다는 뜻이다. 우리 부모님의, 부모님의 부모님이 그러하듯.

그래서 수필에 아등바등하는지 모르겠다. 아무도 기억해 줄 이가 없으니 스스로의 자취를 남기려고 집集을 짓는다. 나 자신의 묘지를 만들어 비석을 세우고, 내가 혼으로 찾아가는 묘지. 그 수필隨筆이 깃들 곳을.

수필에 집착하는 또 다른 이유는 뭘까?

구덕산 자락 양지바른 곳에 옹기종기 마을을 이룬 대신동. 그곳에서 태어나 온 동네를 휘젓고 다니던 개구쟁이 꼬마가 어느새 주름진 얼굴로 변했다. 그간 여러 곳을 옮겨 다

넜지만 궁극에는 산 뒤편에 붙은 아파트에 30년 가까이 터 잡아 살고 있다. 마치 그 산 그늘을 벗어나면 큰일이나 날 것처럼….

어느 밤이 깊어가는 날. 아파트 앞 도로에서 들려오는 정겹고 찰진 소리, "찹쌀떡, 메밀 묵!" 시장기를 돋우는 난데없는 소리에, '설마, 꿈은 아니겠지?' 하며 몽롱함 속으로 젖어든다. 덕분에 어릴 적, 우리 동네의 아침에 나던 분주한 소리들이 연이어 떠오른다.

무거운 양철 동이를 따배기 놓은 머리에 이고 길게 외치던 재첩국 아지매의 구성진 소리, "재치국 사이소, 재칫국!"

두부 장수가 방울 종을 흔들며 지나가는 영롱한 소리, "땡그랑, 땡그랑!"

그리고 어머니가 급히 나무 대문을 열고 나가는 둔탁한 소리.

"삐거덕!"

어머니의 대문을 여닫는 소리는 어제 약주가 과했던 남편을 배려하는 마음, 아직 이부자리에서 꼼지락거리고 있는 자식들을 아끼는 마음, 그 마음을 담은 사랑의 울림소리다.

살다 보면 현실에서 함께하는 것들도 있다. 저녁 무렵 멀리서 들려오는 은은한 교회의 종소리, 이웃집의 현란한 피아노 소리, 창문을 두드리는 요란한 빗소리. 또한 뒷산의 달콤한 아까시나무 꽃향기, 스쳐가는 여인에게서 나는 향긋한 분 내음, 아내가 끓이는 구수한 된장국 내음. 이런 청각과 후각을 자극하는 것들에는 과거의 어느 한순간을 떠올리게 하는 묘한 마력이 숨어 있다.

주말 산행 길에 구덕산 기상관측소 근방의 내 고향 마을이 내려다보이는 산마루에 서면, 과거와 현재가 공존하는 세계가 눈앞에 아스라이 펼쳐진다. 내가 쓰는 수필은 그 세계에서 나와 인연을 맺은 특별한 이들의 발자취를 담은 글이다. 내가 기억하고 기록하지 않으면 왔다간 자국도 없이 스러질 소중한 분들의 이야기. 그래서 때늦은 나이에 글공부하고, 수필을 쓴다.

수필을 쓰면서 새삼 느끼는 것은, 어릴 때 말고는 딱히 내세울게 없이 참 건조하게 살았다는 점이다. 기껏 떠오르는 것들은, 타인과 환경을 탓하며 게으름과 실패를 정당화했던 패배에 절은 의식, 사랑했던 사람을 이런저런 핑계로 떠나

보내야 했던 서글픈 용기, 국가를 위한다는 가당찮은 명목으로 가정을 등한시했던 오만한 허세, 곁눈질 없이 우직하게만 살아 금전적으로는 항상 여유롭지 못했던 가장의 비애….

그래도 다행스러운 것은, 세상살이에 지쳐 허덕이던 나를 여태껏 살아오게 한 원동력이 있다는 점이다. 고비마다 나를 아껴주고 도움을 줬던 가족과 은인의 존재, 못난 나를 믿고 의지해 준 아내와의 운명적인 만남, 가정에 소홀했음에도 잘 성장한 아들과 딸을 가진 행운, 남의 어려움을 같이 아파하는 한결 넉넉해진 가슴….

이런 일들을 삶의 흔적으로 남기기 위해 수필을 쓴다. 나와 함께했던 소중한 분들의 발자취를 기록하기 위해 희미해진 기억 속을 정처 없이 헤매고 다닌다. '덕분에 구경 한번 잘하고, 참 편하게 살다 간다.'는 고마운 마음을 전하고자 오늘도 바지런히 책상머리에 앉는다.

# 개천가의 아이들

내가 어릴 적에 놀던 개천은 개구쟁이들의 지상낙원과 같았다. 엄광산 아름드리나무에서 뿜어져 나온 물은 계곡을 따라 내려와 구덕운동장만큼 넓고 깊은 수원지를 가득 채웠다. 그 옆에 딸린 개천에서는 계곡에서 삐어져 나온 물과 저수지 배수구를 원천으로, 다슬기, 새우, 가재, 미꾸라지 등이 살았고, 장마철을 빼고는 항상 깨끗하고 고르게 흘렀다.

우리는 방학만 되면 개천에서 거의 살다시피 했다. 여름에는 배수구 앞 웅덩이에서 물장구를 치다가, 엄동설한에 하류 쪽 빨래터 앞이 꽁꽁 얼어붙으면, 온 동네 아이들이 모여들어 썰매를 지치며 해지는 줄도 몰랐다. 그래서 썰매는 공설운동장 뒤편 아이들의 겨울철 필수품이었다. 내가 가진 썰매는 큰형이 만들어 준 것으로, 앉는 자리가 넓고 합판으로 되어 있어 양반다리를 하고 편하게 탈 수 있었다. 그런데 무게가 나가다 보니 송곳지팡이로 얼음을 힘껏 찍어도 속도가 나지 않고 힘이 빨리 빠졌다. 달리기 시합을 하면 얼굴이 벌겋도록 힘을 써도 꼴찌를 면하지 못했다.

머리가 좀 큰 아이들이 가지고 오는 썰매는 빠른 게 우선이었다. 양쪽 날 부분은 발보다 조금 긴 각목에 굵고 하얗게 질이 난 철사를 덧대고, 양발을 올려놓는 발판은 딱 발만큼의 길이에 앞보다 뒤를 높게 만들었다. 앞에 무게 중심이 있어, 엉덩이를 들고 제대로 힘을 쓰면 총알같이 내달렸다.

썰매를 타러 갈 때는 혼자서 가지 않았다. 따로 놀면 억센 아랫동네 아이들에게 봉변을 당하기 십상이라 동네 아이들끼리 떼로 다녔다. 아침 일찍부터 시작된 얼음지치기는 낮쯤 되면 얼음판 곳곳이 손상되었다. 특히 바큇자국이 깊이 파인 곳은 얼음이 녹아 썰매가 잘나가는 대신에 질펀해졌다. 내려가는 길에 조금만 지체해도 뒤에 오는 썰매가 사정없이 꽁무니를 박아 발밑의 썰매는 저만치 달아나고 몸뚱어리는 철퍼덕 엉덩방아를 찧었다. 그러면 속옷까지 젖어서 어기적거리게 되므로 기술이 부족한 아이는 바큇자국 난 곳은 피하고 외곽으로 맴돌며 탔다.

윗동네 아이들의 아지트는 우리 집 뒤편, B여중 담벼락 옆에 있는 골목대장 광호 형 집이었다. 하루는 광호 형이 아랫동네에서 썰매 타기 시합을 걸어왔다며, 우리들을 집합시켰다. 요 앞의 눈싸움에서 일방적으로 밀렸기 때문에 승부에 대한 집착이 대단했다. 그런데 이런저런 사정으로 참석할 수 있는 아이가 다섯 명뿐이라 서열이 낮은 나도 선수에 들었다. 먼저 썰매를 다시 손보기로 하고, 아이들 3명으로 특공대를 조직하여 밤이 되면 학교 화단을 습격하기로 했다.

학교 화단에는 나무들 앞에 팻말이 서있었다. 하얀 페인트가 칠해진 나무판자에 검은색으로 호랑가시나무, 동백나무 등, 정원수 이름을 적어서 굵은 각목으로 말뚝을 박아 놓았다. 그것이 우리의 표적이었다. 한번 상상을 해보시라. 말뚝으로 쓴 각목은 날 부분을 만드는데 더할 나위 없으며, 나무 이름을 쓴 판자는 톱질을 하여 2등분 하면, 바로 앞과 뒤의 발판으로 쓰기에 금상첨화가 아닌가. 이런 못된 머리는 대장인 광호 형에게서 나왔다. 자기 썰매도 그렇게 만들었단다.

밤이 되자 평소처럼 철조망 개구멍을 통과하여 살금살금 학교 본관으로 올라가는 계단 옆 화단으로 접근하였다. 그리고 각자 팻말 2개씩을 힘껏 뽑아 들고, 쏜살같이 다시 개구멍을 통과하여 광호 형 집으로 복귀하였다. 학교로 들어갔다가 아지트로 돌아오는데 걸린 시간은 10분도 채 되지 않았다. 그것은 학교 운동장은 우리들의 안방이나 다름없었기 때문이다. 그렇게 해서 광호 형 집에서 썰매를 만들어 나에게도 차례가 하나 돌아왔다.

우리는 시합 전에 피나는 연습을 해야 한다고, 아랫동네 아이들이 알지 못하는 또 다른 계획을 세웠다. 그것은 학교 운동장 서편 담벼락 쪽에 아담한 연못이 있다는 데에서 착안해 낸 발상이었다. 날씨가 따뜻할 때는 제법 큰 금붕어가 돌아다니지만, 한겨울에는 얼음이 깡깡 얼어 있었다. 그리고 밤에도 학교 보안등이 군데군데 켜져 있어 연습하기에는 안성맞춤이었다.

그렇게 다섯 명이 모여 야간훈련에 들어간 첫날. 연못은 물이 빠지고 얼음이 얼어서 아이들 키 높이 아래로 내려가 있었다. 우리는 연못 벽에 박아 놓은 큰 돌들을 엉거주춤한 자세로 짚고 빙판까지 내려가서, 썰매로 큰 원을 그리며 신나게 얼음을 지쳤다. 그런데 안방 놀이터라 방심한 게 있었다. 그것은 밤중에 움푹 들어가고 빙질이 고르지 못한 곳에서 썰매를 타면, 마찰로 우르르하는 천둥소리가 울려난다는 것이다.

갑자기 손전등 불빛이 어지럽게 난무하고, 두 개의 커다란 실루엣이 연못 위에 떡 버티고 선다. 독 안에 든 쥐 신세가 따로 없다. 평소 안면이 있는 아랫동네 형인 급사와 당직 선생이 우리 모두를 너무나 손쉽게 나포했다. 급히 도망치면 한두 명은 빠져나갈 수도 있었겠지만, 대장이 목덜미를 잡힌 다음에야 꼼짝없이 집단으로 포로가 되었다. 그렇게 교무실로 굴비 엮듯 끌려가서 썰매를 한곳에 모으고, 무릎

꿇고 두 손을 들었다.

우리는 발이 저려 오는 중에도 전리품으로 빼앗긴 썰매에 온 신경을 곤두세우고 있었다. 조금만 주의를 기울이면 발판이 흰색 페인트로 칠해져 있고, 검은 글씨가 조각나 있어 쉽게 팻말이라는 것을 눈치챌 수 있기 때문이다. 만약 그게 들통이 나면 혹독한 시련과 엄청난 고통이 뒤따를 것은 불을 보듯 뻔했다.

급사 형이 일장 훈시를 하고, 당직 선생이 말을 잘 한다는 칭찬으로 거들었다. 가만히 들어보니 이 형은 야간 고등학교를 다녀 평소에는 일찍 퇴근을 하는데, 오늘은 방학이라 아직 학교에 있다가 이런 큰일을 해냈다고 한다. 기분이 좋아진 급사 형의 건의로 썰매만 빼앗긴 채 모두 방면이 되었다. 우리는 꽁무니가 빠지도록 계단을 내려오는 중에도, 팻말이 빠져 휑한 화단을 힐끔거렸다. 그렇게 그해 겨울의 썰매 터는 제대로 한번 겨루어 보지도 못하고, 아랫동네 아이들의 전유물이 되고 말았다.

직장 민원실에서 근무할 때였다. 어디서 본 듯한 얼굴이 불쑥 민원대 앞에 선다. 그 급사 형이었다. 그 형은 알아보지 못했지만, 나는 꼭 그때의 악동처럼 목을 움츠렸다. 누가 보든 안 보든 죄짓고 살면 안 된다는 말을 실감하는 순간이었다. 참, 월남전에서 상이를 입은 그 형은 다시 만나 옛이야기로 회포를 풀었다.

# 그 시절, 그 형들

삼한 사미三寒四微. 요즘의 겨울 날씨를 비유하는 신조어이다. 추위보다 나흘간의 미세먼지를 더 걱정해서 나온 말이다. 하지만 우리네 어릴 적 겨울은 삼한 사온三寒四溫으로 사흘간은 정말 추웠다. 그때는 의복, 영양상태, 난방 등이 부실하여 절기가 입춘이 되기까지 "춥다" 소리를 입에 달고 살았다. 눈도 수시로 쏟아져 한번 오면 발목 정도는 쉽게 빠졌다.

밤새 눈이 내려 온천지가 새하얗게 변한 날, 우리 동네와 아랫동네 골목대장과의 전격적인 만남이 이루어졌다. 패거리 눈싸움을 하게 된 것이다. 이것은 가끔 있는 일로, 며칠 전에는 동네끼리 편을 갈라 다방구를 한 적도 있었다.

우리는 머리에 털모자를 덮어쓰고, 손에는 벙어리장갑을 낀 채, 동네 어귀로 올망졸망 모여들었다. 싸움의 규칙은 간단했다. 동네 경계선에서 조금 떨어진 곳에 서로 포진해 있다가, 싸움이 시작되면 눈을 던지면서 쳐들어가 상대 진영을 점령하는 거였다.

조금 후 눈덩이가 여러 개 우리 쪽을 향해 날아오고, 우리도 상대방 진영을 향해 눈덩이를 무수히 날리는 것으로 동네 패싸움의 막이 올랐다. 평소 아랫동네 아이들은 거친 행동에 욕설을 심하게 하는 등, 보통 악다구니들이 아니었다. 이번에도 그 기질이 여실히 드러났는데, 눈 속에다 조그만 돌과 연탄재를 섞어 넣는 바람에 눈덩이가 꼭 돌덩이 같았다. 그 눈덩이 하나가 '쌩' 하고 총알같이 날아와 우리 편 서열 두 번째 형을 정통으로 맞추었다. 곧바로 이마에 불룩 혹이 튀어나왔다. 연이어 상대방이 봇물 터지듯이 공격해오자 공포에 파랗게 질린 우리는 꽁무니가 빠지게 도망쳤다. 동네 패싸움 역사에 이런 치욕적인 일도 없었다. 그리고 복수전으로 펼쳐진 썰매 달리기 시합에서는 제대로 붙어 보지도 못하고 패하고 말았다. 연전연패였다.

패배가 일상화되던 어느 날, 목형 일을 하는 큰형이 자새('얼레'의 방언)를 육모로 만들어서 선물했다. 그것은 우리 동네에서 나만 가지게 된 고급스러운 자새였다. 구색을 갖추고자 어머니를 졸라서 가오리연을 하나 사고, 실도 비싼 명주실로 여러 타래 구입하였다. 가오리연은 무게 중심잡기가 중요하지만, 꼬리를 많이 달아야 심하게 까불대지 않는다. 안 그러면 하늘 높은 곳에서 바람에 휘둘려 빙빙 돌거나 밑으로 사정없이 내리꽂혀 나무에 걸리기 일쑤였다. 그래서 봉투나 화장지 등으로 쓰임새가 다양한, 귀한 신문지를 오려서 꼬리도 길게 달아 놓았다.

다음은 명주실에 개미를 먹이는 일이 남았다. 당시에는 대부분 막걸리를 마실 때라 유리병 구하기가 하늘에 별 따기보다 힘들었다. 대개 사금파리를 가루로 만들어 개미를 먹였으니, 제대로 된 유리사하고 붙으면 상대가 안 되었다.

나는 어렵게 약병을 하나 구해 쇠 절구통에 찧어 가루를 만들었다. 그리고 풀을 끓여서 동네 골목대장 광호 형 집으로 가지고 갔다. 광호 형은 우선 자기가 가진 네모자새에 내 육모자새의 실부터 연결하였다. 그런 다음, 동네 아이들 연실에 개미를 먹이던 깡통을 가져와서 유리가루를 풀과 함께 넣고 막대기로 휘휘 저어 섞었다. 광호 형이 유리가 고루 섞인 풀을 돌가루 종이에 한 움큼씩 펴서 연결한 실을 가운데 넣고 잡고 있으면, 나는 부리나케 감아 들였다. 세 번 정도 풀고 감기를 반복하고 난 뒤 그늘에서 말렸다. 이제 연싸움 상대만 만나면 될 일이었다.

겨울 방학이라 한가한 우리들의 놀이터, B여자중학교 운동장에 가니 연 날리는 애들이 제법 여럿 있었다. 그중 지난 눈싸움에서 봤던 아랫동네 골목대장 형도 끼어 있었다. 그 형도 가오리연을 날리고 있었는데, 내 연이 한참 하늘로 올라 까마득해지자 슬슬 시비를 걸어왔다. 다른 연도 많은 데 굳이 나한테 싸움을 거는 것은, 내 육모자새가 아니꼬워서 하는 짓이 분명했다.

나는 가급적 그 거센 형과는 싸움을 붙고 싶지 않았다. 그러나 워낙 집요하게 공격해오자 비겁하다는 소리를 들을까 봐, 울며 겨자 먹기로 응할 수밖에 없었다. 내 줄에 그 형의 연줄이 엇걸리자, 나머지 연들은 약속이나 한 듯 재빨리 하늘을 비워냈다. 드넓은 창공에는 두 개의 연만이 덩그러니 남아 용호상박龍虎相搏을 겨루는 형국이 되었다. 다들 말은 없었지만 내 연이 곧 떨어질 것이라고 예측했을 것이다. 사실 나마저도 그렇게 생각했으니까.

모두의 예상과 달리 밀고 당기고가 제법 길게 이어졌다. 그러다가 상대방 연이 중심을 잃고 아래쪽으로 선회를 할 즈음. 내가 감는 속도를 급하게 올리자, 상대방 실의 연결된 매듭 부분쯤이라 생각되는 곳에 덜컥 걸리는 느낌이 왔다. 조금 후 연 하나가 긴실 꼬리를 매단 채 공설 운동장 쪽으로 흐느적거리며 날아갔다. 갑자기 우리 동네 아이들이 "와!" 하고 일제히 환호성을 내질렀다. 너른 하늘에는 유독 꼬리가 긴 가오리연 하나만이 온갖 자태를 뽐내며 맘껏 까불거리고 있었다. 겨우내 계속됐던 아랫동네와의 흑역사黑歷史를 한방에 끊어내는 통쾌한 순간이었다.

아랫동네 형은 헐거워진 실을 급히 감아 뒷수습을 한 뒤,

자기편 애들을 데리고 날아간 연을 따라 눈싸움할 때의 우리처럼 꽁무니가 빠지게 달려갔다. 연보다는 비싼 명주실을 조금이라도 건지려는 생각이 간절했으리라. 이렇게 그해 겨울은 많은 추억거리를 남긴 채 서서히 저물어가고 있었다.

세월 따라 잊혀간 우리들의 이야기가 다시 세간으로 불려나온 것은, 내가 대신동의 안태고향安胎故鄕을 떠나 개금동에서 살던 때였다. 1972년 9월 14일 오전 9시 50분경. 전날부터 쏟아진 폭우로 꽃마을 쪽에 있는 구덕 수원지 둑이 터져, 사망 60명, 실종 15명, 부상자 48명의 엄청난 인명피해가 났다는 소식이 속보로 귓전을 때렸다. 그때 희생된 대부분의 사람들이 바로 패싸움 놀이를 했던 아랫동네의 형들이나 그 가족들이었다.

세월이 흘러 그 수재민들이 모여 산다는 해운대 반여동에 공무로 출장을 나간 적이 있다. 혹시나 싶어 아는 주민에게 형들의 안부를 물었으나, 얼굴은 알아도 서로 통성명을 하고 지낸 사이가 아니라 알 길이 없었다. 지면을 빌려, 안타깝게도 고인이 되신 형들과 그 가족들의 명복을 빈다.

## 해거름에 서서

사람은 기억을 반추反芻하며 산다. 이 기능에 장애가 생기면 자기 정체성을 상실한다. 백세 시대에는 이런 쇠락이 남의 일이 아니다. 나를 잃어버리기 전에 멋있게 늙었다는 소리를 들으려면, 간혹 죽음과 맞닥뜨렸던 기억을 되새길 필요가 있다.

어릴 적, 우리 동네에 '진갑'이라는 이름의 조금 모자란 형이 있었다. 우리는 그 형을 만나면 맨날, "환갑, 진갑, 다 지난 백 년 먹은 진갑아!" 하고 놀려 댔다. 그 시절에는 환갑까지 사는 사람이 워낙 귀해서 오래 살라고 지은 이름 같은데, 애들에게는 좋은 놀림감이 되었다.

일전에 결혼식장에서 만난 직장 선배에게 들은 이야기이다. 아흔두 살이 된 대선배가 후배들을 초대해 식사하는 자리에서 어떤 후배가 "백수白壽 하십시오!" 했다고 난리가 났단다. 백수까지 살라고 하면 고작 7년만 더 살고 죽으라는 뜻으로 이해하여 일어난 사달이란다. 선배 말에 의하면 그냥 "천수하십시오!" 하거나, 천수보다 더 많은 "만수무강하십시오!" 했다면 별일 없었을 거란다. 돌이켜 생각하니 '진갑'이 형만 억울한 것 같다.

어머니는 잠잘 시간이 되면 이야기보따리를 잘 풀어놓았다. 보따리에 잔뜩 들어있던 무서운 이야기가 끝나면, 간이 콩알만 해져서 방안에 어른거리는 그림자에도 화들짝 놀라곤 했다. 겨울에는 특히 무거운 솜이불을 푹 뒤집어쓰고 무서움을 피하곤 했는데, 그게 어떤 때는 무서움보다 더 큰 고통을 주었다.

온돌 바닥은 뜨끈하고 몸은 나른해지면서 쏟아지는 잠으

로 의식은 한없이 가물거리는, 그냥 꼼짝을 할 수 없는 지경까지 이르는 것이다. 그러면 의식 한편에서는 '아, 이러면 숨 막혀서 이불 속에서 죽는다. 살아야 한다.' 하고 안간힘을 다 한다. 그럴수록 몸은 더 가위눌린 것처럼 옴짝하지 못하고, 어찌어찌해서 얼굴을 이불 밖으로 내밀면 몸은 온통 땀범벅이었다. 그때 내가 느낀 감정은 '아, 이런 게 죽는 거구나'였다. 죽음을 미리 경험한 것이다.

하나 더 있다. 막 헤엄치는 법을 배워 물놀이 재미에 푹 빠져있던 개구쟁이 시절. 누나와 같이 집 인근의 수원지 옆 배수구에 있는 직사각형 웅덩이에 헤엄을 치러 갔던 날이다. 웅덩이는 어른 키의 세 배 정도 깊이로, 헤엄이 미숙한 아이는 웅덩이 입구, 무릎 높이의 개천으로 연결된 곳에서만 놀아야 동네 형들에게 혼쭐이 나지 않았다.

한참을 웅덩이 경계를 넘나들고 있는데, 집에 갈 채비를 하던 누나가 손짓으로 나오라고 했다. 이때 무슨 귀신에 씐 듯이 숨을 세 번 쉴 거리의 웅덩이 저편 돌로 된 벽까지 수영 실력을 뽐내려고 갔다. 그렇게 가서는 동네 형들이 하던 것처럼 벽면을 폼 나게 손바닥으로 찍고 돌아 나와서, 이제 무릎까지 오는 안전한 곳이겠지 하고 일어서는데, 그만 깊은 바닥으로 한정 없이 쑥 빨려 들어가는 것이었다. 웅덩이에서 빠져나오려고 발버둥을 치는데도 누가 잡아당기듯이 잘 올라와지지를 않았다. 물을 몇 번이나 먹고 안전한 곳으로 나와서 보니 발에 동물의 창자가 걸려 있었다. 어른들이 웅덩이 근처에서 뭔가를 잡고 뒤처리로 던져 놓은 것이 발버둥 치던 발에 걸린 것이다.

이렇게 죽을 고비를 넘기고 나니 나중에는 별별 희한한 생각이 다 들었다. 얼마 전 이곳에 빠져 죽은 동네 아이의 혼백을 건진다고 재齋를 올리던 게 기억나고, 누나가 손짓을 한 것도 그 아이가 시켜서 그랬던 것 같아 한참 동안 웅덩이 근처는 얼씬도 못했었다. 죽음이라는 것이 멀리 있지 않고 바로 곁에 있다는 것을 어린 소견으로도 어렴풋이 눈치를 채게 된 것이다.

마지막으로 하나만 더. 사춘기 감수성으로 한창 예민한 중학생 시절, 시험이 끝나고 단체로 영화를 보러 갔다. 홍콩의 미녀배우 리칭이 주연한 '스잔나'였다. 예쁜 리칭이 뇌종양으로 죽어가면서 부르는 노래 "해는 서산에 지고 쌀쌀한

바람 부네, … 인생은 허무한 나그네 봄이 오면 꽃 피는데 영원히 나는 가네." 눈물을 뚝뚝 흘리며 본 이 영화 이후로, 삶은 영원할 수도 영원하지도 않다는 것을 깊이 깨닫게 된 것 같다.

속담에 '개똥밭에 굴러도 이승이 좋다'는 말이 있다. 아무리 힘들고 괴로워도 죽는 것보다는 사는 게 낫다는 뜻이다. OECD 국가 중 자살률 1위인 나라에서 선뜻 공감할 수 있는 말은 아닐 것이다. 죽음보다 더 심한 고통을 안 겪어봐서 하는 배부른 소리라고 퇴박 놓을 지도 모르겠다. 그래서 역설적으로 죽음과 마주했던 경험이 소중한 것이다. 어떤 어려운 난관에 부닥쳐도 '그래 봤자 죽기밖에 더 하겠나' 하는 의지로 버티면, 어느 순간에 '쓰윽' 하고 지나가버린다는 것을 깨닫게 될 테니까.

우리나라의 장례 문화가 묘지 매장에서 화장火葬 위주로 바뀌었다고 한다. 전국 화장률이 2019년도 기준으로 88%를 넘어섰으며, 내가 사는 부산의 경우 94.8%를 기록했다고 한다. 죽으면 한 줌의 재로 변해 흔적도 없이 사라지는 것을 이제는 당연하게 받아들인다는 뜻이다. 나의 경우도 별반 다르지 않다. 분수에 넘치는 욕심이 일어날 때면, 어차피 다 부질없는 짓이라는 생각에 마음이 명징明澄해진다. 그래서 많이 가지지는 못하였지만 함께 하는 것에 항상 감사하며 산다.

요즘 거울을 가만히 들여다보면 매사에 자신 있어 하던 얼굴은 오간 데 없고, 무기력하고 빛바랜 이가 당혹스러운 모습으로 서 있다. 급격히, 시시각각 좁혀져오는 미래의 불확실성 때문일 것이다. 그래도 진리眞理를 갈망하는 눈빛만은 유수와 같은 세월을 비껴가고 있으니 얼마나 다행인지 모른다.

요행히 시간이 허락한다면, 사회의 못난 일면에 쉽게 동화되지 않는 단단한 심성을 가졌으면 한다. 또한 소금과 같이 꼭 필요한, 자그만 것이라도 나눌 수 있는 그런 넉넉한 모습이고 싶다. 해거름 인생길 곱게 물들이기 위해 죽음의 문턱에 섰던 기억을 한 번씩 되돌리는 수고를 아끼지 말아야겠다.

## 달에 비친 세상

하얀 달빛이 쏟아져 내린다. 머리에도, 발에도, 마음에도. 오늘은 동요의 노랫말처럼 달이 쟁반같이 둥글다. 둥근 달을 보면, 나도 모르게 아련한 동심의 세계로 빠져든다. 동네 친구들과 깡통을 돌리며 달마중 하던 그때 그곳으로.

때는 바야흐로 음력으로 섣달그믐날 밤. 어른들은 해年 바뀌는 걸 보지 못하고 잠을 자면 다음날 눈썹이 새하얗게 변한다고 겁을 줬었다. 우리는 그 말을 곧이곧대로 믿고 잠을 자지 않으려고 안간힘을 다해서 버티었다. 비몽사몽간에 대청마루에 걸린 괘종시계에서 자정이 넘어감을 알리고, "복조리 사이소, 복조리!" 굵직한 목청으로 조리를 팔러 다니는 소리가 들리면, 그때야 안심하고 긴장의 끈을 놓았다. 어머니는 새해에 찾아온 복을 놓칠까 봐 얼른 복조리 한 쌍을 사서 안방 문 위에 걸어놓았다.

대신동 공설운동장 뒤편에 사는 어른들은 정월 초사흘부터 대보름까지 풍물패를 편성해서 집집마다 다니며 지신밟기를 한다. 그러면 온 동네가 흥겨운 장단에 휩싸여 열흘 넘게 축제 속에서 지낸다. 우리 집에도 풍물놀이패가 왔다. 놀이는 거의 꽹과리와 징을 치는 사람이 주도를 한다. 마당에서 상모를 돌리며 한바탕 신명을 놀고 난 뒤, 긴 담뱃대를 물고 검은 정자관을 쓴 사대부의 집전 아래, 집 구석구석을 돌아다니며 각종 지신을 어르고 달랜다. 돌이켜 보니, 1년 중 이맘때가 어른들의 표정이 가장 여유롭고 밝은 때가 아니었나 싶다.

대보름 당일 갖은 나물을 반찬으로 아침을 먹고 나면, 어머니가 쥐여 준 조리를 들고 이웃집에 오곡밥을 얻으러 다냈다. 끼니를 겨우 때우던 시절임에도 이날만큼은 밥 인심이 후했다. 반면에 우리 집 검둥개 도꾸는 달이 뜨기 전에 밥을 주면 날궂이가 잦다는 속설로 온종일 빈 그릇만 핥고 있었다.

달 뜰 무렵, 옆집에 사는 이모를 따라 뒷동산에 올랐다. 이모부는 주변에 있는 큰 돌을 주워 불이 번지지 않도록 성처럼 빙 둘러쌓고, 그 안에 나뭇가지와 생솔로 볏가리 모양의 작은 달집을 지었다. 마침내 동쪽 산등성이에서 달이 두둥실 솟아오르면 급하게 성냥을 그어 불을 붙였다. 그리고 다 함께 손 모아 기도를 드렸다. 나는 어른들 흉내를 내어 머리만 꾸벅였지만, 두 분은 아마도 슬하에 자식이 없어 나 같은 아들을 점지해 주기를 간절히 기원했으리라.

곧이어 동쪽 엄광산에 불이 붙어 길게 옆으로 늘어지고, 뒤질세라 서쪽 구덕산에 난 불도 아슬아슬하게 꼭대기까지 번진다. 연이어 산불을 끄러 올라가는 사람들이 개미처럼 조그맣게 보이고, 불은 죽었다 살아나기를 반복하다가 금방 사그라지고 만다. 땔감용으로 베어진 민둥산 덕분에 더 탈 것이 없어 꺼진 것이다.

달맞이를 하고 동네로 돌아오면 머리가 굵은 골목대장의 지휘 하에 우리들만의 대보름 놀이가 시작된다. 아이들은 배추, 무 등을 심다가 겨울엔 공터로 있는 넓은 밭에 미제 통조림용 깡통을 하나씩 들고 모여들었다. 깡통은 몸통과 바닥에 못으로 구멍을 숭숭 내고 철사 줄을 양옆에 적당한 길이로 달아놓았다. 그 안에는 불쏘시개용 종이와 사과나 생선상자에서 뜯어낸 나뭇조각들이 한 움큼씩 들어 있다. 대장이 나누어 준 불씨로 불을 지펴 빙빙 돌리기 시작하자 불은 순식간에 활활 피어오른다. 시커먼 공간에서 샛노란 불들이 붕붕 돌아가고 있어 마치 도깨비불이 현란하게 춤을 추는 듯하다.

깡통이 벌겋게 달아오르면 대장이 아이들을 일정한 간격으로 죽 늘어세웠다. 그리고 보란 듯이 벌건 깡통을 공중으로 휙 던지면, 너도나도 달을 향해 축포를 쏘듯이 손에서 깡통을 놓아버린다. 그러면 깡통이 '슈웅' 날아가서 빈 밭에 사정없이 떨어져 내리고, 그 주위는 불의 파편들이 온통 널브러져서 빨간 불꽃이 시나브로 일었다 사그라지기를 반복한다. 바로 그 통쾌한 장면이 이 쥐불놀이의 하이라이트다.

이맘때쯤 어머니들이 기다렸다는 듯이 어둠 속에서 아이들 이름을 부르며 나타난다. 어머니들도 매년 반복되는 이 놀이의 끝이 언제라는 정도는 훤히 꿰고 있는 것이다. 애들을 소환하여 집으로 데리고 가면서 "불장난이 심하면 자다가 이불에 오줌 싼다."라는 말은 불조심 교육용으로 꼭 빼먹지 않았다.

한참 후 죽었던 불이 되살아나서 밭둑에 남아 있는 누런 풀에 불이 붙었다. 아무리 둘러봐도 주위에는 불을 진압할 물이 없다. 어쩔 수 없이 서둘러 응급조치를 할 수밖에. 소방호수처럼 오줌 줄기를 시원하게 뿜어내면 갑갑했던 마음까지 상쾌해진다. 얼마 지나지 않아 엉덩이 부분이 척척해지면서 '아차, 이게 꿈이었으면' 하는 후회가 급속히 밀려온다. 아침에 어머니가 가져온 키를 머리 뒤로 푹 뒤집어쓰고, 이모의 격려 속에 이웃집 아주머니한테 소금을 얻으러 갔던 그날이 정황상 요맘때임이 분명하다.

달 표면에 인간의 발자국이 찍히던 날, 그렇게 선명해 보이던 옥토끼와 계수나무의 그림자가 말끔히 사라져 버렸다. 과학의 발달에 갈채를 보내면서도 마음 한구석이 허전함은 어쩔 수가 없었다. 그 이후로도 달은 찼다 이지러지기를 반복하며 아무 일 없다는 듯이 세상을 비추고 있다.

그 한결같은 달은 낭만적이며 시공을 초월하는 객관적 상관물이다. 그 속에는 모두의 어린 시절이 있고, 얼굴이 가물거리는 코흘리개 동네 친구도 있으며, 어머니와 이모 등 소중한 분들과의 이야기가 한가득 담겨 있다. 달은 그래서 과거의 신화 속으로 시간 여행을 떠나게 하는 환상의 매개체다.

오늘 밤 추억의 달을 보며, 마당에서 신명을 놀던 어른들처럼 모든 것을 내려놓고 잠시 무념무상無念無想에 들어볼까. 아니면 깡통을 돌리던 소년이 되어 다시 한번 꿈의 불나래를 펼쳐볼까. 둘 모두가 되어 달의 운치에 푹 빠져보는 것도 괜찮겠다는 생각이 문득 들었다.

## 어머니의 호박밭

호박의 꽃말은 '포용, 관대함' 등이다. '포용'은 넓은 호박잎으로 쌈 싸서 먹어보면 그 의미가 얼마나 적절한지 알 수 있다. 이런 너른 품을 가진 호박을 속 좁은 남자들이 못생긴 여자에 빗대어 "호박꽃도 꽃이냐?" 또는 "호박에 줄 그으면 수박이 되냐?"라고 빈정댄다. 호박이 외양의 비아냥거림에 아무리 너그럽고 관대한 속성을 지녔다 하더라도 너무 지나친 하대가 아닌가.

호박은 풍요와 행운의 상징으로 곧잘 비유된다. '풍성한 한가위' 하면 담벼락과 지붕에 호박이 주렁주렁 열린 풍경을 선뜻 떠올린다. 뜻밖의 행운을 일컬어 시렁에서 호박 떨어진다고 한다. 또한 줄줄이 좋은 일이 이어질 때, 호박이 넝쿨째로 굴러 들어온다고도 한다. 이렇게 알고 보면 호박만큼 좋은 말을 달고 있는 게 그리 흔치 않다.

내가 어린 시절인 60년대 초반만 해도, 부산에서는 남자들이 밥벌이할 일터가 변변치 않았다. 끼니를 거르는 일이 다반사였기 때문에 이웃을 만나면 "밥 먹었느냐?"가 으레 하는 인사말이었다. 안남미, 납작 보리쌀, 강냉이 죽, 보리떡, 개떡 하는 부실한 끼닛거리가 일상이었고, 옥수숫가루로 만든 떡, 탈지분유를 끓인 우유가 급식으로 배급되기도 했다. 지금 유행하는 유명 가수의 '보릿고개'가 괜히 나온 말이 아니다. 우리 부모, 형제들의 지난한 세월이 한처럼 서려 있는 말이다.

그 고난의 시절에 도깨비방망이를 두드리던 사람이 있었다. 대식구의 밥상을 끼니마다 뚝딱 차려내시던 우리네 어머니들이 그렇다. 나의 어머니도 그런 일에 어떤 특별한 비법과 요술을 부렸던 것 같다.

어릴 적, 우리 집과 이모 집은 담 없이 나란히 이웃해 살았다. 두 집 앞에는 좁다란 골목길 아래에 언덕이 있었다. 우리 집 앞 언덕에는 벼랑처럼 깎아내어 평평해진 자리에 양철 지붕으로 된 판잣집이 있었고, 이모 집 앞에는 판잣집 넓이 정도의 비스듬히 경사진 공터가 있었다. 이모 집을 기준으로 앞 쪽에 골목길, 다음에 공터로 된 언덕이 있는 모양새였다.

건축 일을 하시는 이모부는 임자 없는 공터에 무화과, 석류 등 과일나무를 심어서 미리 찜해 놓았다. 자식이 줄줄이 달린 어머니는 그런 것은 아랑곳없었다. 대식구의 찬거리 장만을 위해 길 쪽에 붙은 언덕바지에 슬그머니 구덩이 서너 개를 판 후, 우리 집 재래식 화장실에서 퍼 온 토종 거름을 잔뜩 뿌려놓았다. 나는 그곳을 지날 때마다 코를 움켜쥐게 만드는 고약한 냄새 때문에 동네 친구들 보기가 여간 창피한 게 아니었다. 그때는 거기서 우리 식구들의 맛있는 먹거리가 생길 줄은 꿈에도 미처 생각지 못했다.

시간이 흘러 초여름으로 접어들 즈음. 우리 집 2층 마당에서 언덕을 내려다보니 초록 호박넝쿨이 비탈진 땅을 온통 점령하여 발 디딜 틈이 없었다. 사방팔방으로 번져나서 이모부가 심어놓은 나무들도 온통 호박잎으로 덮여 있었다. 내막을 모르는 사람이 보면 땅의 임자가 애당초 호박을 심은 우리 어머니라고 해도 믿을 지경이었다.

어머니는 끼니때마다 부지런히 호박 언덕을 오갔다. 호박잎을 솎아 와서 보리가 반 이상 섞인 밥에 된장국과 멸치 젓갈로 쌈 밥상을 차려냈다. 호박잎 식단은 노란 호박꽃이 피고, 한참 후 쪼그라진 꽃대 밑에 자그만 연둣빛 애호박이 달릴 때까지 계속되었다. 그맘때쯤에는 애호박을 썰어 넣은 된장국이 단연 요술 방망이의 압권이었다.

호박이 익어서 누렇게 변하면 줄기는 몽땅 걷어서 불쏘시개로 쓰고, 수확한 열매는 대청마루와 장독대 위에 죽 늘어놓았다. 필요할 때마다 하나씩 가져와 씨를 파내고 채를 썰어서 밀가루와 함께 버무려 전을 부쳤다. 그러면 호박 특유의 달착지근한 냄새가 진동을 하고, 그날 저녁은 구수한 호박된장국을 곁들여 진수성찬이 되었다.

요즘은 옛날에 하루하루 끼니를 때우던 음식을 참살이 음식이라며 즐긴다. 그 맛이 그리워 식재료를 고급으로 쓰고, 소문난 맛집을 찾아다니기도 한다. 한데 아무리 애를 쓰도 그때 어머니가 차려낸 쌈밥이나 호박된장국, 호박을 썰어 넣은 칼국수의 옹골진 맛을 따를 수가 없다. 참 희한한 일이다. 누구 말마따나 시장이 반찬이라고 배를 곯지 않아서 그런 것도 같고, 어머니만의 비법이 따로 있었던 것도 같다. 어쨌든 나에게는 그때의 호박된장국이 생애 으뜸으로 치는 추억의 맛이다.

이런 어머니의 젖줄과도 같은 호박과 꽃에 대해 사람들이 함부로 말하는 평판을 들으니 쓴웃음이 난다. 그것은 호박의 내면을 보지 못한 외모지상주의의 편향적인 평가다. 무엇보다 그 시절 어머니들이 자식들 끼닛거리를 위해 빈 땅에 절박한 심정으로 심었던 호박의 고마움을 저버린 야멸찬 험구다. 호박 비하는 내 생각이나 체험하고도 맞지 않다.

동네 어귀에 너른 정원과 높은 담장으로 둘러싸인 철옹성 같은 부잣집이 있었다. 언젠가 동네 반장 일을 하던 어머니의 심부름으로 잠시 들른 적이 있었다. 큰 청색 철제 대문을 열고 들어서니 뜰에는 붉은 장미꽃이 한가득 피어 있었다.

나는 속으로 참 예쁘다고 감탄을 하면서 돌아 나왔다. 하지만 그 감정은 거기까지. 집 앞 언덕에 핀 달착지근한 맛을 선사하는 노란 호박꽃의 내실 있는 때깔에는 견줄 바가 못 되었다.

그래서 하는 말인데, 호박에 못생긴 사람을 빗대지 말았으면 한다. 아니 다시 살펴보면 안다. 노란 색깔에 수수한 꽃의 자태가 앳된 소녀의 풋풋함과 너무나 닮아 있다. 호박의 겉은 울퉁불퉁 제멋대로 생겼지만, 노란 속살이 주는 풍성함은 여느 과일이나 채소와 비교해도 손색이 없다. 엇비슷하게 생긴 연꽃잎이 아무리 고상하다 해도, 식구들을 먹여 살리는 언덕 아래 초록의 호박잎만이야 하겠는가.

어머니의 호박밭을 추억하다 보니 어느새 둥글둥글 마음 부자가 다 된 느낌이다. 오늘따라 유난히 세상 떠나신 어머니가 그립다.

# 모자의 눈물

내가 태어나서 자란 곳은 대신동이다. 시내 방향인 남쪽은 멀리 바다를 바라보며 툭 터인 데다, 뒤로는 산이 병풍처럼 둘러쳐져 있어 아늑하기 그지없다. 풍수지리설에서 일컫는 배산임수背山臨水의 형세는 이를 두고 하는 말일 것이다.

이 뒷산들의 주봉 역할을 하는 구덕산 꼭대기에 꼭 사람 얼굴 형상을 한 커다란 바위가 하나 있다. 수호신처럼 지긋이 동네를 내려다보는 기세가 범상치 않다. 우연찮게 마주 보는 동쪽 비탈에 대통령 두 분을 배출한 명문 K고등학교가 자리하고 있어 바위에 신비로움을 더한다.

우리 집은 등진 산의 중앙에 해당하는 B여자중학교 담장 앞에 위치했다. 당시로서는 보기 드물게 2층에 널찍한 콘크리트 마당이 있는 구조였다. 동네에는 대학교 교수, 고교 교사, 신문기자, 출판업자 등을 직업군으로 하는 지식인들이 많이 살았다. 그 시절로 보면 꽤 괜찮은 동네였다.

어머니는 자그마한 몸집과 새까만 얼굴에 항상 헐렁한 몸뻬 바지 차림이었다. 어린 내가 보기에도 정말 볼품이 없었다. 누나 말에 의하면 본래는 이목구비가 뚜렷해서 미인 축에 속했단다. 법 없이도 살 분이라는 소문과 달리 술만 들어갔다 하면 폭군으로 변하는 남편과 없는 살림에 아들 다섯에 딸 하나, 도합 여덟 식구를 건사하느라 쪼그라들어서 그렇단다. 동네 반장 일까지 맡고 있어 안팎으로 항상 바빴고, 그 시절 어머니들이 다 그렇듯 강하고 억척스러웠다.

나는 그런 어머니의 아들답지 않게 소문난 울보였다. 동네에서 또래 친구들과 놀다가도 끝에는 꼭 얻어터지고 울면서 집에 오는 게 일과였다. 그러면 어머니가 쫓아나가서 동네 아이를 대신 혼내 주거나, 나를 살살 달래던 게 일상이었다. 그날도 어김없이 또래 아이에게 얻어터지고, 무슨 큰 공을 세운 개선장군처럼 "엉엉" 울면서 귀환하고 있었다. 그런데 마루에서 다듬이질을 하던 어머니가 댓바람에 흰 고무신을 집어서 냅다 던지더니, 마당 빗자루를 들고 맨발 바람으로 부리나케 쫓아오는 거였다. 나는 깜짝 놀라 대문 밖으로 잽싸게 줄행랑을 쳤다.

"이놈의 자식, 다시 울고 오기만 해봐라. 다리몽둥이를 확 분질러 버릴 거다."

대문에 떡하니 버티고 선 어머니는 정말 다리를 절단 낼 것처럼 서슬이 시퍼렜다.

나는 그날 이후로 밖에서 얻어터져도 절대로 울면서 집에 오지 않았다. 나중에는 오기가 생겨서 또래들 대장에게 제대로 엉겨 붙어 이겼으니, 어머니는 그랬다.

***

"경아, 나하고 어디 좀 가자."

어머니가 밖에 나갔다 오더니 방구석에 멍하니 앉아 있던 나에게 선걸음에 재촉이다.

어머니를 따라 집에서 500m쯤 건너편에 있는 천주교 사택 중 한 집에 들어서니, 나이 사십 정도 돼 보이는 바짝 마른 남자가 나를 반긴다.

"선생님, 야가 아까 말한 선경인 데예. 학교 다닐 때는 반장도 하고 공부를 정말 잘 했심더. 앞으로 우리 아들 좀 잘 부탁합니데이."

선생님이라고 불린 남자는 날카로운 눈빛으로 나를 아래위로 쭉 훑어보더니, 내일부터 6학년 교과서를 가지고 아침 9시까지 오라고 한다.

그렇게 해서 나의 새로운 생활이 시작되었다. 그러면 나는 어떻게 해서 이런 처지에 놓이게 된 것일까.

어머니가 말한 대로 나는 초등학교 5학년 때부터 반장을 할 정도로 공부를 잘했었다. 심지어 담임 선생님 댁에서 과외를 받던 아이들보다 내가 공부를 더 잘하니까, 과외를 시키는 학부형들이 선생님께 찾아와서 항의를 할 정도였다고 한다.

아버지는 점잖게 학교로 불려가서 선생님의 그런 하소연을 듣게 되었고, 나는 그날부터 바로 과외를 받는 학생이 되었다. 아버지와 선생님이 어떻게 타협을 했는지는 알 수가 없다. 하지만 우리 집의 궁색한 사정으로는 과외비를 낼 형편이 못되었고, 나도 과외비를 선생님께 한 번도 갖다 드린 적이 없었다.

얼마 후 인생의 진로가 결정될 한참 중요한 시기인 5학년 말쯤, 아버지의 역할 부재로 기울어 가던 가세가 큰형의 사업 실패로 완전히 거덜이 나고 말았다. 그래서 대신동에서 전차를 타고 40분 넘게 걸리는 전포동으로 이사를 가게 되었다.

이게 예삿일이 아니었다. 집이 어려워 왕복 전차 회수권만 받아서 통학을 하는 형편인데, 당시의 열악한 전력사정으로 시도 때도 없이 정전이 되었다. 그러면 전차는 목적지 중간쯤에서 발이 묶여 하염없이 서 있었다. 돈에 여유가 있으면 즉시 버스로 갈아타든지 할 텐데 그럴 처지도 못되어서, 발을 동동 구르며 전기가 들어오기만 기다렸다. 전차가 다시 움직여서 학교에 가면 수업이 시작된 지 한참이나 지난 뒤였다.

휑한 교정을 헐레벌떡 가로질러 조용한 교실 문을 "드르륵" 열고 들어서면, 싸늘하게 쳐다보는 급우들의 눈빛에는 '명색이 반장이라는 놈이' 하는 경멸과 비난으로 가득했다.

그런 일이 반복되자 학교 가기가 정말 죽기보다 싫었다. 어떤 때는 만화방에 처박혀서 하루를 때운 적도 있었다. 그래도 집에서는 아무도 눈치를 채지 못했다. 성적은 당연히 급전직하를 했다. 이사를 갔을 때 동생처럼 바로 전학을 갔어야 했는데, 선생님이 어렵더라도 전학을 가지 말라고 말리는 바람에 빚어진 결과였다.

결국 중학교 입시에서 떨어져 갈데없는 신세로 재수를 하게 된 것이다. 요즘이야 금수저, 흙수저 하며 부의 대 물림을 기정사실화하고 있지만, 당시에는 공부를 잘하면 판검사 등으로 얼마든지 개천에서 용 날 수 있는 시절이었다. 그래서 자녀 교육문제만큼은 다들 사생결단이었다. 공부를 좀 하는 자식을 둔 집안에서는 일류병에 걸린 학부모의 교육열로, 전기 입시에서 떨어지면 아예 후기 중학교에 원서를 내지 않고 재수를 시켰다.

재수를 하는 방법도 형편에 따라 천차만별이었다. 졸업한 학교가 아닌 다른 학교에 무적 상태로 기성회비만 내고 7학년을 다니는 경우도 있고, 형편이 좋으면 재수학원에 등록하여 스파르타식 교육을 받게 하였다.

나는 재차 이사 간 남부민동 집 근처의 오늘 찾아간 과외를 전문으로 하는 선생님 댁에서, 낮에는 혼자 자습하다가 저녁에는 학교 다니는 애들과 같이 공부를 하게 된 것이다. 이것은 재수 방법 중 제일 하질에 속했다.

재수는 다행히 순조롭게 진행되어 갔다. 과외 선생님은 독실한 천주교 신자로서 제자들에게 어떻게든 구원의 길로 인도하기 위해 열정이 정말 대단했다. 죽자고 공부하는 지도 방식에 다른 애들은 엄청 힘들어했지만 나하고는 딱 맞아떨어졌다.

여름방학 때는 심화 학습을 한다고 새벽 네 시에 집합을 시켰다. 나는 안 떠지는 눈을 억지로 비비고 일어나서, 캄캄한 골목길을 잠도 쫓고 입시과목의 100m 달리기 연습도 할 겸 해서 막 뛰어서 다녔다.

그러면 시궁창에서 먹이 활동을 하던 쥐가 뜀박질 소리에 놀라 후다닥 도망치다가 발등에 차여서 공중으로 붕 날아가고, 나도 깜짝 놀라 다리를 탈탈 털면서 한참을 깨금발 뛰기를 한 적도 있었다.

이렇게 농땡이 치던 시절이 지워지고, 대신동 살던 공부 잘하고 장래가 촉망받던 아이로 서서히 회귀하고 있었던 것이다.

그런데 여기에 약간의 변수가 생겼다. 같이 공부하는 애들 중에 나긋한 서울 말씨를 쓰며, 얼굴이 하얗고 예쁘장한 여자아이가 하나 있었다. 7학년 방식으로 재수를 하고 있었는데, 어느 날부터 내게 호감을 갖더니 공부 시간에 자꾸 신경 쓰이게 하고, 나중에는 집에도 찾아올 정도로 적극적이었다.

"경아, 네 애인 왔다. 나가 봐라."

눈치 빠른 누나는 상황 파악을 하고 짓궂게 놀리기까지 했다.

사실 〈소나기〉에 나오는 소녀의 이미지하고 비슷하게 생겼지만, 나는 어머니의 기대가 얼마나 큰지를 알기 때문에 그런데 신경 쓸 여유가 전혀 없었다. 그러던 차에 모의고사를 치면 일정 점수에서 꼼짝을 하지 않고, 시험도 얼마 남지 않아 어머니에게 사정 이야기를 했다.

"주위가 산만해서 집중이 안 되니, 과외를 그만두고 혼자서 공부를 하면 안 돼?"

어머니는 즉시 목형 일을 하던 큰형을 시켜서 작은방의 부엌으로 쓰던 곳을 마루방으로 개조하여 공부에 전념하도록 했다.

드디어 시간이 흘러 운명의 날이 밝았다. 어머니는 새벽같이 일어나 남부민동에서 토성동까지 40분 남짓 거리를 걸어서 K중학교 정문에 준비해 간 찰떡을 척하니 붙이고 왔다. 그러고서는 시험 치는 사람이 줄 밑으로 다니면 커트라인 밑으로 떨어진다고 세 들어 사는 집의 다섯 가구가 사용하는 긴 빨랫줄도 풀어서 마당 한 옆으로 치워 놓기까지 했다. 어머니는 수험생인 아들과 함께 나름의 방식으로 시험을 치르고 있었던 것이다.

오전 시험을 마치고 점심시간에 맞춰서 찾아온 큰형과 가채점을 해보니 틀린 게 하나도 없었다. 작년에 커트라인이 열두 개였고, 수석 합격자의 성적이 한 개 반이었던 게 생각나서 "큰형, 나 이러다 수석 하겠다."라고 했는데, 오후에 미술에서 한 문제 틀리고, 그 다음날에 치러진 체육과목 던지기 종목에서 필기로 환산하여 반 개를 틀려서, '이제 됐다'고 안심하고 있었다.

그런데 그날 저녁에 온 신문에는 작년과 달리 시험문제가 워낙 쉽게 출제되어서, 커트라인이 한 개 반에서 형성될 것 같다고 한다. 그래서 나이가 많은 수험생이 엄청 불리하단다. 참 눈앞이 노래지는 일이었다.

합격자 발표는 라디오 방송으로 먼저 하고, 나중에 학교 담벼락에 벽보를 붙이는 방식으로 이뤄졌다. 그만큼 중학교 입시가 세간에 관심의 중심에 있었던 것이다.

드디어 온 가족이 조그만 트랜지스터라디오를 중심으로 빙 둘러선 가운데 합격자 발표가 시작되었다. 내 번호가 점점 가까워지자 숨이 턱 밑까지 차올랐다. 그리고 정말 기적같이 내 수험번호가 불려졌다. 순간 나도 모르게 온몸에 힘이 쑥 빠져나가고, 눈물이 폭포수처럼 쏟아지는데, 내 울보 생애에 단 한 번도 듣지 못한 기이한 소리로 "꺼이, 꺼이" 목을 놓아 울고 있었다.

옆에 선 어머니도 가만히 눈물을 훔쳤는데, 자식의 앞날을 위해 최선을 다하고 그 결과에 감격해서 난생처음으로 '기쁨의 눈물'을 흘리신 거였다.

***

일전에 형제들이 성묘를 가서 부모님 산소 앞에 모였을 때다. 잘 생긴 큰형님이 동생들을 둘러보면서 약간 잠긴 목소리로 말했다.

"여기 이 산소는 정말 명당이야. 아들 중에 국가공무원 과장에 은행 지점장도 있고, 손주는 S대 출신 둘에 행정고시 합격자까지 있으니…."

형님은 살아생전 어머니의 자식을 향한 끝없는 사랑과 희생에 대한 고마움을 그렇게 표현하고 있는 것 같았다.

돌아가신지 28년도 훨씬 지난 어머니를 추억하려니, 기억이 가물거리고 글재주가 없음이 안타까울 따름이다.

# 긴 잔상

어느 시인만 과거를 현현顯現할 수 있는 게 아니다. 현재의 상황이 과거의 어떤 정황과 절묘하게 맞아떨어지면 우리도 그때의 정경情景을 눈앞에서 재현할 수 있다. 힘들고 괴로울 때면 그 정도가 더 강렬하다.

중1 때 담임은 음악 선생님이었다. 다른 수업에 지장이 가지 않게 본관 건물 꼭대기에 별도로 달아낸 곳에서 근무했다. 공부에 찌들고 변성기에 접어든 여드름투성이들을 1시간 동안 맘껏 악쓰게 하여 카타르시스를 느끼도록 배려했다. 인품까지 중후하여 학생들에게 인기가 꽤 높았다.

따뜻한 날, 해운대 동백섬으로 봄 소풍을 갔었다. 자유시간이 되자 선생님은 준비해 온 낚싯대를 드리웠고, 나를 포함한 몇몇 학생들은 갯가 바위 위를 괜히 서성이며 시간을 때우고 있었다. 뜻밖의 일이 일어난 것은 그런 무료함도 거의 파장이 될 무렵이었다. 장발에 긴팔 와이셔츠 차림의 청년이 불쑥 나타나더니, 줄이 묶인 수질 검사용 유리병을 바다에 담근 채로 가곡 '보리밭'을 멋들어지게 부르기 시작한 것이다. 마치 푸른 바다에 청보리가 넘실대듯이….

우리는 간드러진 목청의 청년을 쳐다보다가 선생님을 힐끔거리곤 했다. 그것은 그 감격스러운 장면을 선생님도 공감하는지를 살피는 행위였다. 파도 끝머리의 갯바위에 턱 버티고 서서 석양의 검푸른 대양을 향해 거침없이 외쳐대는 청년의 당찬 모습. 노래를 심사하듯이 근엄한 표정으로 바다를 바라보는 선생님의 얼굴이 묘한 조화를 이루며, 삶의 경이로움 같은 것이 한 폭의 수채화로 내 뇌리에 영원히 남아 있게 된 순간이었다.

나와 인근에 사는 막냇동생은 송도 암남공원 주차장에 있는 낚시터를 자주 찾는다. 낚시라 해봐야 둘 다 바늘도 제대로 매지 못해 채비가 다 된 바늘 일체를 사서 그냥 장대에 매어 사용하는 수준이다. 한때는 이곳에서 고등어와 메가리 등으로 손맛을 진하게 봤지만 근래에는 허탕을 치는 경우가 잦았다. 그래서 장소를 달리하여 가덕도 천성으로 부부동반 낚시를 가기로 하였다. 가덕도는 지금은 다리가 연결되어 있어 차로 가면 되지만, 당시에는 행정적으로는 부산시 강서구에 소속된 섬이면서, 나고들 때에는 진해시 소속의 용원 선착장을 이용하는 아이러니한 곳이었다.

새벽같이 도착하여 낚시용품을 구입하고, 느긋하게 선착장에 배표를 끊으러 나갔다. 그런데 전혀 예상치 못한 일이 눈앞에 펼쳐져 있었다. 연대봉 등산객 등으로 줄이 한없이 늘어져 있는 것이다. 신항만 공사로 운항 시간은 늘어나고 배 척수는 고정되어 있어 빚어진 현상이라고 한다. 섬에 거주하는 사람은 줄과 상관없이 우선 승선을 시키는 관례로 등산객들과 한바탕 실랑이가 벌어지는 등 우여곡절 끝에 배를 타게 되었다. 배는 다대포 쪽으로 한참을 우회한 뒤 본래의 방향으로 나아갔다. 목적지에 도착했을 때는 평소 25분이면 족하던 거리가 거의 한 시간 가까이 소요되었다.

가덕도 천성은 해안선을 따라 1자 형태로 쭉 늘어선 전형적인 갯마을이다. 멀리 연대봉에서 흘러내린 부드러운 곡선과 낮은 산등성이를 배경으로 자그만 단층 주택이 주를 이룬 동네다. 한쪽으로 불쑥 튀어나온 유선 접안시설을 중심으로, 동쪽 끝의 등대와 서쪽 끝의 아담한 초등학교 분교가 어우러져 전체적인 마을 분위기는 아늑함 그 자체다.

평소와 같이 마을 한가운데 위치한 구멍가게 앞에 짐을 풀고, 먼저 민장대 채비를 한다. 민장대낚시는 안방마님들 몫이다. 제방 앞은 모래로 바닥을 이루고 있어 릴낚시를 하기는 제격이다. 하지만 여자들은 릴을 다룰 줄 몰라 그냥 시간 보내기용으로 민장대 채비를 해준다.

이제 우리 차례다. 오래전에 싼 맛으로 구입한 탓에 한 번씩 줄이 꼬여 애를 먹는 릴과 장대를 꺼냈다. 꿈틀거리는 갯지렁이를 미끼로 단 후, 낚싯대를 머리 뒤로 넘기고 크게 심호흡을 한다. 저 수평선을 향해 평소에 쌓여 있던 스트레스를 확 날려버리겠다는 심정으로 낚싯대를 앞으로 힘차게 채면, 짜르르 거침없이 풀려나가는 릴 줄의 소리에 온갖 근심 걱정이 사라진다. 그것은 느껴보지 않은 사람은 모른다. 고기가 안 잡히면 대수요, 그냥 풀어진 낚싯줄을 적당히 당겨 놓고 먼바다를 바라본다. 온갖 풍상에 찌들었던 육신과 어쭙잖은 일에 집착하여 추한 얼룩이진 정신은 간데없고, 한 곳에 오롯이 아직도 때 묻지 않은 채로 남아 있는 내 자아만이 나를 쳐다보고 있다. 선채로 무아의 지경에 빠져든다.

오전 11시부터 시작한 오늘의 조황은 손바닥만 한 도다리 한 수, 게르치 네 마리, 망둑어 두 마리 등 도합 일곱 마리다. 도다리와 게르치 한 마리를 빼고는 모두 여자들의 민장대로 올린 조과이니 남자들 체면이 말이 아니다.

들어올 때 못지않게 배를 타고 나가는 일도 만만치 않다. 오후 5시부터 기다리던 배가 5시 40분쯤이야 도착했다. 서둘러 배에 오르니 정원 50명의 선실이 꽉 차 보인다. 손맛을 제대로 보지 못한 아쉬움을 뒤로 한 채, 3등 여객선은 힘찬 기관 소리와 함께 앞으로 나아간다. 깎아지른 절벽과 하얀 갈매기 떼들이 어우러진 가덕도의 해안은 점점 멀어져 간다.

얼마나 지났을까. 답답한 선실에서 나와 배 후미의 난간에 기대어 섰다. 어느덧 석양의 바다가 검푸르게 펼쳐지고, 뱃전에 부서진 하얀 물살은 긴 꼬리를 물고 숨 가쁘게 따라온다. 갑자기 하얀 포말에 홀린 듯, 주위의 정경이 일순간 멈춘 것 같은 착각 속으로 빠져들고. 찰나 간에, 중1 때 해운대 동백섬에서 스쳐 지나간 한 폭의 수채화가 오버랩 되며 떠오른다.

'아! 그때 내가 경이롭게 느낀 정경은, 미래에 어떤 어려움이 닥쳐도 굴하지 말고 당당히 맞서야 한다는 용기 같은 것도 포함하고 있었으니….'

요즘 삶이 부쩍 괴롭고 힘들어 멀리 도망치고 싶은 충동에 빠져들곤 했었다. 오늘은 나도 뱃전에 서서 그때의 신비의 청년이 되어 앞으로 힘차게 나아가고픈, 삶에 대한 강한 의욕이 용솟음쳐 오른다.

# 불의 정화

쇼윈도에 사람을 전시하고 있다. 야릇한 홍등 불빛 아래에 젊은 여자들이 여럿 앉아 있다. 드러난 맨살 때문인지 농익은 관능미에 눈이 부시다. 오래전 교육원에 입소하기 위해 새벽에 내린 역전 뒷골목의 풍경이다. 2004년 "성매매 특별법"이 시행된 이후로 풍속은 급변했지만 그땐 그랬다.

우리 집은 내가 초등학교 5학년 때에 몰락하여 대신동을 떠났다. 남의 집 셋방살이를 전전하다가 다섯 번째에 이사 간 곳이 음산한 분위기의 적산가옥이었다. 어떻게 보면 가세가 기울 대로 기울어 막다른 처지나 다름없었다.

충무동 로터리 부근에 위치한 이 적산가옥은 2층으로 된 낡은 목조 주택이었다. 2층은 나무판자에 시멘트를 덧씌운 복도를 따라 12개의 방들이 다닥다닥 붙어 있었고, 1층에는 아래위층 공동으로 사용하는 수도와 빨래터가 한가운데에 위치해 있었다. 그곳에서 천장까지 사각형으로 뻥 뚫려 있어, 2층 복도에서 난간을 잡고 고개를 내밀면 빨래터가 훤히 내려다보였다. 이면 도로로 나가는 출입구 한 편에는 재래식 공동화장실이 있었다.

내가 이 집 2층 방 한 곳에 자리 잡게 된 것은 한창 감수성으로 예민할 시기인 중학교 2학년 말부터였다. 학교는 지척에 있어서 통학하기는 편했지만, 동네가 워낙 유명한 곳이다 보니 학우들이 알까 봐 전전긍긍했다. 만약 그 동네에 산다는 사실이 알려지면 무슨 말들을 해댈지는 불을 보듯 뻔했다.

우리 방의 구조는 창호지로 된 방문과 나란히 붙은 벽체의 중간쯤에 유리로 된 창문이 복도 쪽으로 나있었다. 방의 사면 중에 삼 면은 벽이고 한 면만 트여 있는 구조였다. 방 안은 장방형 다다미가 여덟 장 가로 세로로 깔려 있었고, 겨울에는 한가운데에 배관을 달아낸 연탄난로를 설치하여 난방을 해결했다. 복도는 사람 한 명이 서로 비켜갈 정도로 좁았다. 거기서 어머니와 누나, 동생들 둘, 다섯 식구가 살았다. 아버지는 작은형 가내 공장에 딸린 방에서 기거를 하다가 1주일에 한 번씩 다녀가시곤 했다.

우리 쪽 복도에는 방 3개가 나란히 붙어 있었다. 제일 안쪽 방은 비어 있은 지 오래되었고, 우리 방 바로 옆의 가운데 방에는 마흔대여섯쯤 되어 보이는 아주머니가 초등학생 딸과 함께 살고 있었다. 이 아주머니는 바짝 마른 체형에 말할 때 혀 짧은 소리를 냈는데, 간혹 발작적인 기침을 숨넘어가듯이 했다. 그래서인지 그 방 근처만 가면 가래 해소제인 용각산 냄새가 진동을 했다. 듣기로는 사창가에 찾아오는 일본인 손님을 상대로 통역을 하거나 아가씨들의 일본인 단골 고객 편지를 번역, 대필하는 일을 한다고 했다. 그래서 젊은 아가씨들이 우리 방문 앞 복도를 수시로 들락거렸다. 어떤 때는 편지에 고액 엔화가 동봉되었다고 감격스러워하는 들뜬 목소리도 들려왔다.

그 아가씨들은 아주머니를 "엄마"라고 불렀고, 아주머니는 그녀들을 "이년 저년" 하며 딸처럼 대했다. 그중에 키가 크고, 작은 두 명의 아가씨가 유독 뻔질나게 드나들었는데, 작고 아담하게 생긴 아가씨는 양딸로 삼았다고 했다. 그래서 그 아가씨는 항상 내 주변을 맴도는 것 같은 착각이 들곤 했다. 언젠가 한여름이었다. 창문을 열어놓고 책상에 잠시 엎드려서 졸고 있는데, 갑자기 머리맡이 쐐한 느낌이 왔다. 얼른 고개를 드니까 그 양딸이라는 아가씨가 복도에 서서 야릇한 눈빛으로 나를 내려다보고 있었다. 기분이 참 묘했다. 그날 이후로 그 아가씨 말소리가 들리면 괜히 호흡이 가빠지고 가슴이 콩닥거렸다.

한편, 우리 방 뒤편 복도 쪽도 똑같은 구조를 하고 있었다. 우리와 벽을 사이한 방에는 택시 운전을 하는 노총각이 홀어머니와 살고 있었다. 이 착한 남자는 우리 누나를 많이 좋아했던 모양이다. 그 집에서 그런 뜻을 어머니 편에 전달해 왔으니 자연스레 혼사가 오간 형태가 되었다. 내가 보기엔 나이 차이도 있고 인물도 별로인데다 중졸 학력이라, 인물도 보통은 넘고 고졸 학력의 누나가 많이 아깝다는 생각이 들었다. 누나는 스물을 넘긴 나이긴 해도 아직 시집갈 생각이 없었기에 흐지부지되고 말았다.

또 우리 방의 복도 입구 쪽 사통팔달로 통하는 곳에는, 나보다 한 살 많은 열여덟의 곱상하고 생활력이 강한 아가씨가 중학교만 마친 채 부모님과 같이 충무동에서 과일가게를 하고 있었다. 이 아가씨는 어머니에게 상당히 살갑게 굴었는데, 어머니는 꼭 미래의 며느리 대하듯 곰살궂었다. 언젠가 어머니와 같이 제수용 과일을 사러 그 점포에 들른 적이 있었는데 정말 시어머니 대하듯이 깍듯했다. 아무리 조혼이 성행하는 시절이라 하더라도 나는 아직 여드름이 송송한 때라 어안만 벙벙할 뿐이었다.

그리고 1층에는 물귀신이라 불리는 공공의 적이 하나 있었다. 아가씨들에게 각종 빨랫감을 받아와서 생업을 하는 드센 아주머니가 그 장본인이다. 수돗물이 시간제로 나오던 시절이어서 물이 나오면 자연스레 크고 작은 실랑이가 벌어졌다. 이 아주머니는 특화된 체질로 수돗가를 지배해 나갔다. 시비가 붙으면 커다란 덩치에 천둥 같은 목소리로 끈질기게 물고 늘어져 상대방을 기어이 두 손 들게 만들었다. 나중에는 아예 공동수도의 주인 노릇을 했다. 나는 어머니가 빨래터에 내려가면 이 아주머니와 부딪칠까 봐 조마조마했는데, 사교성이 좋은 어머니는 물귀신과도 친해서 할 일을 제때 다하고 올라왔다.

1층에는 또 어머니와 둘도 없이 친한, 체구가 자그마한 과수댁이 있었다. 초등학교 선생님이던 남편은 오래전 폐가 안 좋아 병사했다고 한다. 이 아주머니에게는 군에서 갓 제대한 잘 생긴 아들이 있었다. 학교는 K중학교, 명문 B고등학교를 나왔다고 했다. 나는 그리 대단한 사람이 어찌 이런 환경에서 살겠느냐고 그 사실을 믿으려 하지 않았다. 그러던 어느 날, 그 청년이 생뚱맞게도 내 중학교 교가를 피리로 불어 젖히는 게 아닌가. 그 남자도 미심쩍어하는 내 마음을 자기 어머니 편에 전해 들었던 모양이다. 그날 이후로 그에게 관심을 가지게 되었는데, 사실이 그렇다면 곧 좋은 직장을 구해서 이 험악한 동네를 벗어나리라 철석같이 믿었기 때문이다.

더위도 한풀 꺾인 어느 날, 그 준수하게 생긴 남자가 나의 믿음을 저버리고 베짱이처럼 기타를 치며 노래를 부르기 시작했다. "지금도 마로니에는 피고 있겠지."로 시작하는 박건의 〈그 사람 이름은 잊었지만〉으로 노래 실력의 좋고 나쁨을 떠나 나름 열심이었다. 음악 학원에 다닌다고도 했다. 나는 '그 좋은 머리로 뭐 하는 짓이지?' 하며 실망이 이만저만이 아니었다.

시간이 제법 흐른 후, 그 아주머니가 우리 방에 찾아와서 방바닥이 꺼지도록 장탄식을 하며 어머니에게 길게 하소연을 늘어놓았다. 아들이 옆방에 드나들던 그 양딸이라는 아가씨와 눈이 맞아 인근 아미동에서 신접살림을 차렸다고 한다. 그녀는 유명 탤런트 뺨칠 정도로 예쁘게 생겼지만 누가 봐도 그 남자에게는 어울리지 않는 짝임이 분명했다. 물론 도스토옙스키의 《죄와 벌》에 나오는 '소냐'처럼 순결한 영혼의 소유자인지는 가늠할 수 없지만….

그렇게 적산가옥에 모여 사는 사람들은 마치 삶의 종착역에 선 것처럼 은연중 그 환경에 걸맞은 행동들을 하고 있었다. 맹자의 어머니가 어린 아들의 교육을 위해 집을 괜히 세 번씩이나 옮겼겠나.

나는 그곳에서 중3 시절을 지내다 K고등학교에 원서를 내고 보기 좋게 낙방을 했다. 나같이 나약한 의지력의 소유자가 당연히 받아들 성적표였다. 2차에는 아예 원서를 내지 않았다. 그리고 정규 과정이 아닌 독학으로 앞날을 개척하기로 결심을 굳혔다. 하루라도 빨리 고졸 학력을 따서 보란 듯이 서울의 유명 대학에 합격하여 인생역전을 이루고야 말겠다는 각오였다. 실제로는 학교를 다닌다고 하더라도 회비를 낼 수 없는 암담한 실정이 고졸 검정고시를 택한 결정적 이유였다. 선택이야 어떻게 하든 이래저래 미래가 불확실하기는 매한가지였다.

내가 공납금을 못 내는 사정은 정말 심각했다. 어느 날 새로운 교장 선생님이 부임하면서 1층 출입구 게시판에 수업료를 못내는 학생 이름이 나붙기 시작했다. 그 이후로는 수업 중에 수시로 집으로 쫓겨 갔다. 그렇지만 집에 가본들 해결 방법이 없는 사정은 변함이 없었다. 결국 게시판에 공시된 내 이름은 항상 전교 꼴찌에서 두 번째까지 남아 있었다. 미술시간은 준비물을 가져가지 못해 제일 괴로운 과목이 되었고, 수학여행은 엄두도 못 내었다. 나의 학교생활은 참담함 그 자체였다. 생일이 빨라 초등학교를 일곱 살에 들어간 동생도 중학교에 가야 하고, 우리 집이 중, 고등학생 두 명을 동시에 건사할 형편은 절대로 못되었다. 결국 나의 학창 시절은 초등학교 6년, 중학교 3년, 도합 9년으로 끝이 났다. 지금 학사 학위를 두 개 가졌지만, 고졸 학력부터는 모두 독학으로 이뤄낸 것이다.

나는 검정고시 공부하는 틈틈이 동생과 같은 또래의 이종사촌 동생을 방학 때 집으로 불러 공부를 봐주면서 용돈벌이도 했다. 평준화 전형으로 중학교에 들어간 동생은 나한테 기초를 닦아서 그런지 1학년 때는 전교 수석을 다툴 정도였다. 가정방문을 온 동생 담임선생은 나를 보더니 동생이 공부를 잘하는 이유가 뒤에 훌륭한 형이 있었기 때문이라며 극찬을 했다. 아마 동네 이름에 선입견을 가져 가정방문 전에는 정상적인 가정이 아닐 거라는 이상한 상상을 했던 모양이다.

그렇게 나름대로는 방향을 잘 잡고 가던 어느 날, 한밤중이었다. 책상머리에 앉아 공부를 하고 있는데, 갑자기 "불이야!" 하며 울부짖는 소리가 단말마처럼 귓전을 때려왔다. 얼른 복도로 뛰쳐나가서 보니 바로 앞쪽의 또 다른 적산가옥에 불이 붙어 우리 쪽으로 맹렬히 옮겨오고 있었다. 잘 마르고 오래된 목재 타는 소리가 타닥타닥 나고, 매캐한 연기가 바람 방향인 우리 쪽으로 거침없이 넘어오고 있었다.

나는 급히 어머니와 누나, 동생들을 깨웠다. 그런데 막냇동생이 꿈속을 헤매며 깨워 놓으면 드러눕기를 반복하고 있었다. 나는 스스로도 놀랄 정도로 차분해졌다. 호랑이에게 물려가도 정신을 차리면 살 수 있다는 말을 머릿속으로 주문처럼 되뇌었다. 아버지가 부재중인 집에서는 내가 가장이 아닌가. 동생들은 책 보따리를 챙기고, 어머니와 누나는 돈나가는 물건과 옷 보따리들을 챙겨서 연기가 자욱한 복도와 계단을 지나 길 밖으로 피신했다. 나는 맨 나중까지 남아서 몇 가지 물품을 더 챙기고, 밖으로 유유히 걸어 나왔다. 내가 생각해도 사내다웠다.

나중에 불이 꺼지고 들어가 보니 희한하게도 우리 방부터 불이 붙지 않아 천장도 말짱하고 가구도 그을리기만 했다. 흙벽이 훌륭한 방화벽 역할을 한 것이다. 우리는 택시 기사를 한다는 그 총각의 친척 집에서 며칠간 신세를 졌다. 그리고 전세 보증금을 돌려받기까지 폐허가 된 불탄 집에서 얼마간 더 생활하다가 친지의 도움으로 남부민동에 2층 독채 전세를 얻어 옮겨 가게 되었다.

새로 이사 간 곳은 천마산 자락에 위치하여, 앞으로는 창문을 통해 산봉우리에 구름 모자를 쓴 영도 봉래산이 마주 보이고, 먼바다에는 점점이 떠있는 배들 뒤로 하늘과 맞닿은 수평선이 아스라하게 펼쳐졌다. 대신동을 떠난 이후로 최적의 환경에서 나를 담금질할 수 있게 된 것이다. 공부는 물론 동서양 고전, 철학, 과학서 등 닥치는 대로 섭렵했다. 문학적 기본 소양은 거기서 다듬어졌다고 해도 과언이 아니다.

돌이켜 보면, 그때 어둠의 장막을 넘나든 불의 정화淨化가 내 인생의 터닝 포인트가 아니었나 싶다. 이제 그곳을 살짝 둘러보고 싶은 생각도 든다. 환경에 굴하지 않으려고 안간힘을 쓰던 내 젊은 날의 패기가 그리워서다.

# 제2부

## 술이 빚은 만상

군대 이야기( ▸물병장 ▸철책선의 메아리 ▸월동준비 ▸암구호 ▸불야성 ▸말년병장) · 술이 빚은 만상 · 훔쳐보기 · 부산 갈매기 · 파수병 · 밤낚시 소확행 · 어떤 선택 · 내 삶의 백신

# 군대 이야기

## 물병장

오늘은 비슷한 연배의 은퇴자들이 결성한 친목회의 정기모임 일이다. 약속 장소인 지하철 2호선 낭정역 앞에 도착하니 시간이 많이 남는다. 역내의 장의자에 앉아 휴대폰을 만지작거리고 있는데, 한 중년의 남자가 아내로 보이는 여자와 함께 개찰구 쪽으로 가다가 갑자기 걸음을 멈춘다.

"혹시 3하사관학교 나오지 않으셨는지?"

'하사관학교라….'

1975년도에 군 입대를 했으니까 40년도 훌쩍 지난 이야기다.

논산훈련소에서 신체검사 갑종을 받고, '완'자 장병으로 대기를 하고 있을 때였다. 본적지가 울산인 장병들이 3하사관학교 병장반에 차출되어 간다는 소문이 공공연하게 나돌았다. 태어난 곳은 부산이지만, 본적지가 아버지 고향인 울산이라 나하고 상관있는 소문이었다. 아무튼 차출지로는 최악이라고 쑥덕거렸다.

경기도 가평에 있던 3하사관학교는 생긴 지 얼마 되지 않아 군기가 세기로 소문난 곳이었다. 1주일에 한 번씩 10km 완전군장 구보는 필수였고, 수시로 선착순, 유격 체조, 원산폭격 등 모든 교육에 얼차려가 동반되었다. 그래서 극한상황에 몰린 교육생이 적응을 못하고, 자의 반 타의 반으로 퇴교하는 경우가 빈번하게 발생하고 있었다.

나도 큰 고비가 한 번 있었다. 영점사격 때의 일이다. 전날 완전군장 구보를 하는데, 그날따라 유달리 군장이 몸에 붙지를 않고 따로 놀더니 우측 등이 크게 파이는 열상을 입고 말았다. 밤에 열이 나고 아파서 잠을 한숨도 자지 못해 컨디션은 최악의 상태였다.

사격장에서 가늠쇠를 통해 검은 원 표적을 보니 두 겹으로 겹쳐 보였다. 결국 영점이 형성되지 않아 불합격하였고, 중위 계급의 교관에게 정신 불량이라는 죄목으로 엉덩이에 각목 찜질을 당했다. 화장실에서 볼일을 볼 때 팬티에 피가 말라붙어 잘 내려가지 않고, 취침 시에는 붓기로 반듯이 눕지도 못할 지경이었다.

이틀 후 일요일에 영점사격 불합격자 10여 명이 교관의 인솔 하에 왕복 20km 떨어진 거리에 있는 실 거리 사격장을 헐떡이며 뛰어갔다. 여기서 불합격하면 학칙에 따라 바로 퇴교 조치를 당한단다. 숨을 가다듬고 100m부터 200m, 250m 사거리의 사람 상반신 크기의 검은 표적을 쓰러뜨린 후에야 겨우 퇴교는 면했다.

그러나 한 집단에서 퇴출당하는 것이 긴 호흡으로 볼 때 꼭 나쁜 일만은 아닐지도 모른다. 군 생활 전반에 걸쳐 혼란을 야기한 제도상의 더 큰 문제가 곧바로 나를 기다리고 있었기 때문이다.

3하사관학교에서 거의 비슷한 과정으로 교육받는 하사반은 24주간 교육을 받고 임관하면서 군번을 새로 받았다. 그런데 우리 분대장반은 16주간의 압축되고 강도가 더 센 교육에 병장 계급을 달아주면서, 군번은 논산 군번 그대로 사용하였다.

그래서 자대에 배치되었을 때, 일병보다도 군번이 늦어 소위 가짜 계급을 뜻하는 물병장이라 불렸으며, 상병으로 제대하는 병사가 대부분이던 시기라 기존 병사들에게는 눈에 가시 같은 존재였다. 모든 일에 성실히 임한 나로서는 그런 혼란으로 군대 생활이 별로 유쾌한 기억으로 남아 있지 않았다.

그런데 이렇게 고생을 같이 한 전우라고 전혀 낯이 익지 않은 사람이 내 앞에 떡하니 서 있다. 자기는 3하사관학교 몇 소대 몇 학번이며, 경남 양산을 본적으로 한 자원으로 입대하였단다.

'어떻게 그걸 아직 기억하고 있으며, 긴 세월이 흘렀는데 내 얼굴은 또 어떻게 알아봤을까?'

화명동 사는 회원이 나타난다. 나와 같이 있는 사람이 당연히 우리 회원인 줄 알고 인사부터 하고 앞의 사람을 쳐다본다.

그 사람은 지하철을 타러 개찰구 쪽에서 기다리는 여자에게로 가고, 그렇게 40년 만의 짧은 만남은 아쉬움만 남긴 채로 끝을 맺는다.

## 철책선의 메아리

군대 생활 34개월 10일을 하고 만기제대를 했다. 주특기가 보병의 특수 화기인 기관총이라 동원 예비군을 거쳐 예비군 기동대에 소속되었다. 기동대는 지역에 위급상황이 발생하면 재빨리 작선을 전개하기 위해 편성된 것으로, 현역으로 치면 5분 대기조와 같은 개념의 병력을 말한다.

기동대는 1년에 한 번, 부산에 있는 예비군 교육장을 순차적으로 지정하여 사격 경연 대회를 한다. 그래서 연습은 거주지인 사하구 교육장에서 하고, 대회는 당해 연도 해당 장소인 영도구 교육장에서 개최했다. 그날 거기서 홍 병장을 만났다. 뜻밖의 만남은 생각지도 않게 기억의 단편들을 조각해낸다.

3하사관학교 수료와 동시에 병장 계급을 달고 최전방 부대에 배치되었다. 소위 말하는 GOPgeneral outpost 철책선 근무다.

철책선 안의 비무장 지대는 허리 높이의 억새와 잡목만 무성한 분지와 같다. 숲이 울창하지 못한 것은 사주 경계를 위해 쌍방 간에 불을 놓아서 빚어진 현상이라고 한다. 땅이 얼었다 녹는 봄이면 간혹 노루가 지뢰를 밟아 폭사하는 굉음 말고는 고향의 들판과 같이 아늑하고 평온한 곳이다.

나는 일반 소총 소대 화기분대에 배치를 받아 신형 기관총인 M60 사수로 보직을 받았다. 우리 소대는 산등성이 부분의 소대장이 거주하는 벙커에 2개 분대, 100m쯤 아래쪽의 선임하사가 거주하는 벙커에 2개 분대씩 두 팀으로 나누어 생활했다. 아래쪽 벙커가 내가 거주하는 생활관이다.

아래 벙커 앞 움푹 파인 곳에는 양철과 판자 등으로 엉성하게 취사장을 지어 소대원의 끼니를 해결하고 있었다.

전방은 산 능선을 깎아 만든 비포장도로를 군용트럭이 다니기 때문에 눈, 비가 많이 와서 도로 사정이 나빠지면 군수품이 잘 전달되지 않았다.

그래서 전입한지 얼마 되지 않아 완만한 산등성이 두 개 정도의 거리에 있는 중대본부에서 직접 보급품을 수령하게 되었다. 곧 제대를 앞둔 말년 상병을 포함해 여섯 명이 선발되어 갔다. 모든 것에 열외인 말년 상병이 같이 간 것은 극히 이례적인 일로 중대본부에는 PX가 있기 때문이라고 했다.

그렇게 해서 볼 일을 보고 난 뒤 각자 짊어지고 갈 짐을 배분하였다. 나를 포함하여 세 명의 장병은 쌀 한 가마니씩을 배당받았다. 그런데 그 쌀 한 가마니가 80kg 정도 되니까 한창때인 군인이 짊어지기에도 엄청 버거운 무게였다.

나는 우선 쌀가마니를 아기 업듯이 둘러업고 두 팔을 돌려 꽁무니를 받쳤다. 잉거주춤 웅크린 자세로 걸어가니 몸이 자꾸만 앞으로 쏠렸다. 다른 장병들은 아무렇지도 않은 듯 씩씩하게 잘도 걸었다.

조금 있다가 자세를 바꾸어 목과 머리를 이용해 어깨에 짊어지기도 했으나, 가면 갈수록 허리가 끊어질 듯이 아프고,

땀은 비 오듯 하여 온몸이 파김치가 되어갔다. 앞서가는 병력을 도저히 따라 붙일 수 없고 인내의 한계점에 이르렀을 때쯤. 마지막 산등성이에 선 시꺼먼 실루엣들이 철책선이 떠나가도록 고래고래 고함을 질러 메아리를 만들고 있었다.

"김 병장, 빨리 와~"

얼마 후, 그 상병이 제대를 하고 똑같은 상황이 재연되었을 때다. 고향이 같아 평소 나에게 이것저것을 잘 챙겨주는 일병(앞의 예비군 교육장에서 만난 홍 병장) 하나가 나에게 쌀가마니 지는 법을 가르쳐 준다.

우선 가마니를 들어 허리 높이의 언덕 위에 놓고, 아래위 가로로 된 새끼줄은 빼버리고, 양옆에 세로로 된 새끼줄 두 개를 힘껏 당겨서 느슨하게 멜빵처럼 만들라고 한다. 그리고 그곳에 양팔을 집어넣고 힘껏 앞으로 채듯이 일어서라고 하면서, 가마니 뒤를 살짝 밀어 준다. 그러자 거짓말같이 편안하게 일어나 뛸 듯이 걸을 수 있었다.

저번에는 쌀가마니의 새끼줄이 이런 용도로 사용되는 줄 몰랐으며, 아무도 눈길조차 주는 사람이 없었다. 그것은 추측건대, 말년 상병이 주도한 신고식이었을 것이다. 군번이

새까맣고 나이도 어린놈에게 짬밥의 힘이 얼마나 무서운지를 경고한 것이었음이 분명하다.

## 월동준비

전방에 가을이 깊어 가면 곧 쳐들어올 동장군을 대비하는 시기다. 소위 말하는 월동준비를 해야 한다. 그런데 이 월동준비는 돈을 들이지 않고 거의 맨손으로 모든 것을 해결해야 하는 게 군대만의 특수성이다. 그중 하나가 근처 야산에서 싸리나무를 베어서 빗자루를 만드는 일이다. 이것은 도로의 눈을 쓸어 얼어붙지 않도록 하는데 사용할 것이다.

눈이 와서 도로가 얼어붙어 보급품 차량이 오지 못하면, 우선 골초들은 화랑 담배를 배급받지 못해 심한 금단현상에 시달려야 한다. 유사시에는 탄약 등 전투 물품이 보급되지 않아 제대로 싸워보지도 못하고 곱다시 죽음을 맞이할 것이다. 그뿐만 아니라 초소에 투입될 때 경사진 통로가 미끄러워 엄청난 어려움을 겪게 될 것이다. 그래서 눈만 오면 간부

들은 눈 치우기에 혈안이 되었다.

그런데 이 빗자루 만드는 일은 싸리나무를 베러 나선 장병들에게 실질적인 월동준비도 된다. 이맘때면 뱀들이 동면 준비에 들어가서 몸에 지방질이 잔뜩 축적되기 때문이다.

싸리나무를 베다가 유혈목이(일명 꽃뱀)를 발견하면 장병들은 누구라 할 것도 없이 그냥 쫓아가서 맨손으로 목을 눌러 잡는다. 거의 제트기 나는 속도로 '쐐액' 하고 도망을 치지만 장병들의 눈에 포착되면 여지없다.

잡으면 먼저 목 부위를 이빨로 물어뜯어 껍질을 목에서부터 꼬리까지 단번에 쭉 벗긴다. 그리고 내장과 살코기를 따로 분리해서 싸릿대 두 개에 각각 꿰어 들고 싸리나무 잔가지에 불을 붙여 굽는다. 그러면 기름이 뚝뚝 불 위로 떨어지고 불은 더욱더 기름진 불꽃을 피워 올린다.

다 구운 꽃뱀은 계급과 서열 순으로 배당이 된다. 먼저 꼬리 부분은 남자에게 좋다고 최고 선임자에게 상납된다. 내장도 그런 순으로 나눈 다음, 우리는 몸통 부위를 한 조각씩 나눠서 입에 넣었다. 꼭 구운 갈치 맛이 났다.

이게 왜 장병들의 월동준비냐 하면 잘 씻지도 못하는 겨울철. 입고 있는 내복 겨드랑이에 이약 주머니를 두 개씩 달고 있어도 정말 쌀알같이 큼지막한 이가 잡힌다. 몸에 열이 많이 나서 생긴 현상으로, 혹독한 겨울나기를 해야 하는 장병들에게는 더 할 나위 없는 월동 준비다.

월동준비가 거의 마무리되어 가는 어느 날, 초소 지붕을 만들 볏짚을 구하러 가게 되었다. 한밤중에 일어나 어딘지도 모를 먼 거리를 빠른 걸음으로 갔다. 추수가 끝난 을씨년스러운 논에는 짚단이 산더미처럼 쌓여 있었다.

모두들 짚단을 한 짐씩 짊어지고 가야 한단다. 아무리 민통선 지역이라 하더라도 주인 모르게 하는 일이라 급히 서둘러야 한다. 짚불을 피워서 주위를 환하게 하고 난 뒤, 새끼를 꼬아서 짚단을 묶고, 멜빵을 만들어서 짊어지는 방식이다.

나는 부산에서 나고 자랐기 때문에 새끼를 꼴 일이 없었다. 군대 와서 새끼 꼬는 법을 대강 배우기는 했지만, 농촌에서 자란 사람과는 비교 자체가 안 된다. 준비되는 대로 출발하기 때문에 마음은 급하고 새끼 꼬는 손은 자꾸 헛돌았다. 그런데 그동안 요령이 붙었는지 나도 모르게 짊어질 짚단을 적게 만드는 기지를 발휘했다.

이렇게 군대에서의 극한상황은 차츰 생존 방법을 터득하게 하였다. 안 되면 되게 하는 게 군대가 아닌가.

## 암구호

야간 근무가 일상인 우리는 기상을 하면 산등성이로 은폐된 도로를 따라 잠시 아침 구보를 한다. 그리고 조식을 먹은 후 화기 손질을 한다든지, 취사용 잡목을 모아 온다든지, 초소 사이를 연결하는 통로를 정비한다든지 하며, 간혹 취사장 앞에 마련된 영점 사격장에서 실탄 사격도 한다. 그러다가 일몰 후부터 해 뜰 시간까지의 중간 시간대를 기점으로 2교대 근무를 선다.

근무 투입 시에는 소대장이 거주하는 벙커 앞 조그만 연병장에 모여 그날의 암구호를 전달받고, 간단한 무기 점검을 실시한다. 그리고 실탄을 넣은 탄창과 수류탄, 클레이모어 격발기 등을 지급받아, 분대원끼리 2명씩 조를 꾸려 야간 근무에 들어간다.

한겨울에는 숨 쉬는 콧김이 얼어붙을 정도로 추워서, 온통 방한복으로 몸을 싸고 눈만 내놓은 채로 초소에 투입된다. 총을 어깨에 메고 수류탄 등이 담긴 통을 들고 어기적거리는 모습은 뒤에서 보면 영락없는 곰이다.

초소 투입 후 초반에는 다들 맑은 정신으로 근무를 하다가 일정 시간이 지나면 교대로 잠시 가면假眠을 취한다. 물론 소대장이나 선임하사가 순찰을 도는 낌새가 보이면, 즉시 초소별로 연락을 취하여 지적을 당하지 않는 방책도 가지고 있었다. 그렇지만 혹독한 겨울 날씨의 가면은 바로 영면永眠의 길이 될지도 모른다.

추운 날씨에도 용감하게 초소 한 쪽에서 쪼그리고 가면을 취한 적이 있었다. 깨어나니까 이루 말로 표현할 수 없는 한기가 몰려들었다. 공포에 질려 살아보겠다고 깡충깡충 뛰고 별 짓을 다했지만, 괜히 졸았다는 자책은 피할 수가 없었다.

나보다 군대 생활도 늦고 계급이 일병인 분대원과 조를 짜서 근무할 때였다. 그날따라 유난히 달이 밝아 온천지가 새하얗게 보였다.

밤 세시쯤. 내가 초소에 거치해 놓은 소총을 잡고 얼굴을 묻은 자세로 잠시 가면을 취하다가 부스럭거리는 소리에 깨어나 앞을 보니, 철책과 초소 사이의 공간에 웬 시커먼 그림자가 분주히 움직이고 있었다.

나는 깜짝 놀라 소총의 노리쇠를 후퇴 전진하며, 암구호를 외쳤다. 그랬더니 그 그림자가 벌떡 일어서며 다급하게 소리쳤다.

"김 병장님! 저, 접니다. 김 일병."

그리고 부리나케 초소로 뛰어 들어오더니 담배꽁초 하나를 내민다. 요 며칠 보급품 차량이 오지 않아, 골초인 김 일병이 참지를 못하고 초소 앞에 던져 놓은 꽁초를 줍고 있었던 것이다. 그래도 예의는 있어 좀 큰 꽁초를 선임인 나에게 내밀었지만, 나는 너무 놀란 나머지 동그랗게 토끼 눈만 하고 있었다.

## 불야성

하루는 중대 본부에 다녀온 소대장이 급히 소대원들을 집합시켜놓고 지시사항을 하달한다. 열흘 후 중대 차원에서 대대장 등 높은 분들을 모시고, 진지 탈환 작전을 시범 보인다는 내용이다. 그 시범의 주축이 우리 소대라고 한다.

설명에 의하면 시범 장소는 중대본부 앞, 계곡을 사이에 두고 서로 마주 보고 있는 산등성이 일대였다. 서쪽 산등성이는 높은 분들이 관전할 장소, 동쪽은 대항군의 참호가 위치하고, 계곡 으슥한 곳에는 돌격조들이 은폐하고 있다가 신호에 따라 적진을 점령한다는 시나리오였다.

우선 높은 분들이 관전할 본부석부터 만들었다. 8부 능선쯤에 조금 경사진 곳을 깎아 평평하게 만들고, 바닥에는 흙먼지가 날리지 않도록 작은 자갈을 깔았다. 그리고 뗏장 작업을 하여 긴 의자처럼 앉을 자리를 만들고, 시범 당일엔 그 자리에 깔개를 놓기로 했다.

본부석에서 우측으로 조금 떨어진 곳에는 M60 기관총을 거치할 참호를 만들어 사수인 나와 부사수, 탄약수가 위치하고, 본부석 좌측에는 화기 소대 기관총이 한 정 더 배치되었다. 공격이 시작되면 적의 진지에 집중사격을 가해 기선을 제압하는 것이 우리들 몫이었다.

그리고 돌격조는 계곡에 2개 분대가 대기하고 있다가, 적이 위치한 참호 두 개를 낮은 포복으로 접근하여 수류탄을 투척하고, 착검한 M16 소총을 들고 일제히 '돌격 앞으로'를 감행하여 적진을 점령하는 것이 임무였다.

거의 1주일을 죽자고 연습했다. 소대장이 메가폰을 입에 대고 시나리오를 읽고, 우리는 정해진 줄거리대로 사격하는 자세만 취했다. 돌격조에 비하면 세상 편한 백성들이었다. 시범을 보일 때도 대항군으로 나오는 병사들의 안전을 위해 실사격 대신 총만 굳게 잡고 있으면 되었다.

그렇다고 실탄 사격이 전혀 없는 것은 아니다. 적의 진지 앞에 총유탄을 터트리는 장면에서는 상사 계급인 중대 선임하사가 M1 소총에 훈련용 총유탄을 꽂고, 이 산에서 저쪽 산으로 실제 사격을 가하게 되어 있었다. 실질적으로는 그 장면이 시범 훈련의 하이라이트라고 할 수 있겠다.

드디어 결전의 날이 밝았다. 가을의 막바지임에도 유난히 포근한 날씨였다. 소대장이 메가폰 성능을 점검하며 목청을 가다듬고, 총유탄을 쏠 중대 선임하사는 입술이 타는지 연신 침을 바르며 엄폐물에 몸을 숨기고 있었다.

지프차가 여러 대 올라오고, 높은 분들이 관람석에 자리하자 소대장이 본부석을 향해 거수경례를 하는 것으로 시범 훈련의 막이 올랐다.

우리는 주어진 역할대로 전방을 향해 기관총을 겨누었고, 메가폰에서는 상기된 목소리로 기관총 두 정이 교차사격으로 적의 진지를 초토화시키고 있다고 내레이션 한다. 연이어 메가폰에서 "우왜앵" 하는 사이렌 소리가 울리고, 중대 선임하사가 마주 보이는 적의 참호를 향해 총유탄을 날렸다. 골프로 치면 목표한 위치에 정확히 떨어진 굿 샷이었다. 총유탄이 터지며 노란 연막과 함께 벌건 불꽃이 잠시 일었다 사그라진다.

잠시 후 돌격조들이 적진을 향해 FM 수준의 낮은 포복으로 접근하더니, 모의 수류탄을 한 치의 오차도 없이 참호 안으로 투척했다. 이때 벌써 적진 앞에는 누런 잡초를 불쏘시개로 하여 심상치 않은 불길이 일어나고 있었다. 돌격조가 그 불길을 황급히 우회하며 우렁찬 목소리로 "돌격 앞으로!"를 외쳐댔다.

그렇게 적의 진지를 점령하고 태극기를 꽂으면서 승리의

함성을 지르는 순간, 누가 갈라진 목소리로 다급하게 불을 끄라고 지시한다. 돌격조, 대항군 할 것 없이 모두 불길을 잡는데 합류하고, 이제 불길을 잡는 건 시간문제처럼 보였다.

처음 불이 붙었을 때는 모두들 대수롭잖게 여겼다. 우선 시범에 동원된 병사의 숫자를 믿었고, 그 산등성이에는 불이 크게 번질 나무가 없다는 것에 방심했다. 그냥 무릎 정도 오는 잡목과 빛바랜 억새 정도만 타면 꺼질 것으로 판단한 것이다. 그래서 높은 분들은 병사들이 불앞으로 달려들자 곧 중대본부의 식당으로 자리를 옮겼었다. 그런데 운이 없게도 때마침 세찬 돌풍이 몰아쳐 초기 진화에 실패한 것이다.

동남쪽으로 계속 번져간 불은 그나마 다행스러워 보였다. 그 방향의 후방지역은 수확이 끝난 논, 밭들이 주류를 이루고 있어, 불이 지나가면 연기가 피어오르는 곳에 야전삽으로 흙을 끼얹어 잔불 정리만 하면 끝날 상황이었다. 그래서 후방 도로를 기점으로 방어벽을 느슨하게 치고 있었다.

갑자기 바람의 방향이 바뀌었다고 생각할 즈음, 작업을 지휘하던 소대장이 무전기의 호출을 받더니 다급하게 소리친다.

"김 병장, 빨리 가자!"

중대장에게서 중대 탄약고를 사수하라는 명령을 받았단다. 그때부터 소대장과 무전기를 멘 최 일병, 나까지 3명은 평소의 작업화 대신 시범을 보이느라 신은 군화 발로, 길도 없는 들판을 쏜살같이 가로지르기 시작했다.

들판의 초입에 선 나무에는 붉은 글씨로 뚜렷하게 **'지뢰 조심, 길이 아니면 다니지 말 것!'**이라는 팻말이 떡하니 붙어 있었다. 살얼음이 녹은 곳을 냅다 뛸 때는 한발 한발마다 정말 머리끝이 쭈뼛거렸다. 소대장이 앞을 서는 데는 달리 방법이 없지 않은가. 그렇게 숨 가쁘게 뛰어서 완만한 산자락으로 접어들었다.

또 얼만가를 허리가 고꾸라질 듯이 오르니 한 길이 넘는 억새밭 사이로 조그만 오솔길이 나타난다. 이것은 필시 탄약고가 가까이 있다는 징조이리라.

오솔길로 들어서자마자 밑에서 큰불이 무서운 속도로 올라오는 게 보였다. 뒤로 물러서고 자시고 할 겨를도 없이, 순식간에 내 왼쪽 어깨로 확 치고 들어왔다. 반사적으로 몸을 둥글게 웅크리니, 불이 순식간에 머리 위를 타넘고 오른

쪽으로 휑하니 사라진다. 다행히 눈썹만 약간 그을렸다.

정신을 수습하니 높은 담을 두껍게 쌓고, 콘크리트 지붕으로 된 탄약고가 눈앞에 탄탄하게 버티고 있다. 근접거리까지 화마가 스쳤어도 끄덕도 없다. 초병들만 뜬금없다는 표정이다. 순간 맥이 탁 풀려 왔다.

소대장 말로는 거기에 폭발물들이 잔뜩 보관되어 있어 터졌다면 주변이 초토화되고도 남았단다. 듣고 보니 참 다행이라 생각하면서도, 한편으로는 아무리 명령에 죽고 사는 군대라지만 지뢰 의심지역과 불속을 무작정 내달리게 한 것은 좀 지나쳤다는 생각이 드는 건 어쩔 수 없었다.

어느 순간, 서풍이 동쪽에서 불어오는 샛바람으로 바뀌었다. 이리저리 굴레 벗은 망아지처럼 날뛰던 불길은 짚으로 된 초소 지붕을 깡그리 태우고, 철책을 훌쩍 넘어서 기어이 무단 월북하고 말았다. 우리가 할 수 있는 일은 불을 피해 철책선 가까이로 다가선 노루의 슬픈 눈을 마주하는 것과 다급하고 와글거리는 짐승들의 비명소리를 들으며 참 안됐다는 생각을 하는 것뿐이었다.

저녁에는 초소에 판초 우의로 지붕을 씌우고 근무에 들어

갔다. 초소에 짙게 배인 탄내와 함께 비무장지대에서 넘어온 매캐한 연기로 눈물, 콧물이 쉴 새 없이 흘러내렸다. 밤이 깊어갈수록 점점 서북방향으로 번져간 불길은, 북측 지역의 진지로 추정되는 곳 앞에 일렬횡대로 멈춰 서서 휘황한 불야성을 이루고 있었다. 남의 집 불이라서 그런지 더 장관이었다.

나중에 들려온 이야기로는, 우리 쪽은 지뢰 매설 지대 주변의 억새를 미리 베어냈기 때문에 별 피해가 없었는데, 북측은 제때 작업을 하지 않아 지뢰가 엄청 터져서 책임자가 문책을 받았다고 한다. 아무튼 우리도 자질구레한 피해는 입었지만, 문책 받은 사람은 없었다.

## 말년 병장

전방에 배치된 지 꼭 1년 6개월 만에 후방지역으로 나왔다. 근무만 서는 전방보다 교육 훈련 등으로 일과가 이루어져 있어 몸이 몹시 고달팠다.

태권도, 총검술, 사격 훈련의 일상과 대대 및 연대급 훈련, 그리고 유격과 혹한기 훈련을 하고, 나중에는 몇 달간 산속에서 텐트를 치고 숙식하며 후방 벙커 작업도 했다. 그렇게 하다 보니 물병장인 나에게도 서서히 말년이 다가오고 있었다.

군대 생활을 한 사람들 이야기를 종합하면, 입대 전에 착한 사람은 나쁜 쪽으로 물들고, 나쁜 사람은 착한 쪽으로 변해서 제대한다고 한다.

나는 군대 가기 전에는 정말 착하디착한 순백의 청년이었다. 내가 어느 쪽으로 변했는지는 가늠하기 어렵다. 다만 입대 전의 상태로 사회에 내던져졌다면, 생존의 법칙이 엄존하는 세계에서 살아남지 못했을 것은 분명하다.

어떤 극한 상황에 처해서도 헤쳐 나갈 수 있는 내면의 힘을 가지게 된 것은, 하사관학교에서의 혹독한 훈련과 자대 생활에서 함께 부대낀 전우들이 내게 준 선물일 것이다. 한편 생각하면 한창 피 끓는 나이에 군대에 가서 그만한 대가도 받지 못했다면, 정말 억울했을 것이라는 생각도 든다.

마지막으로 GOP에서 아침 구보를 하며 부르던 애창 군가를 떠올리며, 기억의 저 편에 있던 군대 이야기를 끝맺고자 한다.

내무반장의 구령은 아마 이랬을 것이다.

"힘차게 군가 한다. 군가는 '행군의 아침' 군가 시작, 하나 둘 셋 넷!"

"동이 트는 새벽 꿈에 고향을 본 후 외투 입고 투구 쓰면 맘이 새로워
거뜬히 총을 메고 나서는 아침 눈 들어 눈을 들어 앞을 보면서
물도 맑고 산도 고운 이 강산 위에 서광을 비추고자 행군이라네."

나와 함께 했던 전우들이여, 건승을 빈다.

# 술이 빚은 만상

내로라하는 술꾼들이 호기롭게 하는 말이 있다. '청탁불문 안주불문이요, 두주불사淸濁不問 按酒不問, 斗酒不辭'가 그렇다. 주종을 가리지 않고 어떤 안주와도 상관없이, 말술도 사양하지 않고 마신다는 뜻이다. 이중 두주불사는 항우와 유방에게서 비롯된 고사성어라고 하니 제법 뿌리가 깊다.

일전에 삼 형제가 모여 부평동 곱창골목에서 소주를 한잔할 때였다. 동생이 어디서 들은 이야기라고 하면서 술 주량은 유전이 된다는 말을 했다. 술을 못 마시는 할아버지, 아버지를 거친 자손은 간에서 술을 해독하는 기능이 약해진 유전인자를 넘겨받아, 술을 전혀 못하는 체질이 된다는 것이다. 동생 이야기는 라마르크가 주장한 용불용설 중 획득 형질이 유전된다는 논리와 일치한다. 그러나 획득된 형질은 유전되지 않음이 멘델에 의해 증명되었다는 사실을 놓쳤으니 주장에 무리가 있다.

절친한 친구와 같은 부서에서 근무할 때다. 그 친구는 앞에 언급한 술을 못하는 인자를 유전 받았는지 맥주 반잔만 마셔도 정말 온몸이 붉게 타올랐다. 꼭 참석해야 할 술자리에서는 안주만 축내며 몸을 비비꼬는 게 다반사였다. 그러다 술값을 공동으로 정산할 때만 되면 새삼 억울한 표정을 지으며 볼멘소리를 해댔다. 이런 공평치 못한 처사에 대한 반작용이었으리라. 어느 날부터 약까지 먹어가면서 억지로 술을 마시기 시작하더니, 퇴직할 무렵에는 꾼들에게 단련된 나 못지않게 술을 잘 마시는 사람으로 변해 있었다. 이런 사례에서 보듯, 사람은 환경의 변화가 있으면 살아남기 위해 그냥 적응하기 마련인 것이다.

술을 이기지 못하면 인생사에 오점을 하나씩은 꼭 남긴다. 팀장급으로 승진할 때의 이야기다. 순위부 상, 선두에 있던 내가 정기 승진심사에서 고배를 마셨다. 상처가 채 아물기도 전, 갑자기 특별승진 심사가 있다고 하며 다면 평가를 하더니 또 앞서고도 후순위에게 밀리는 일이 재연되었다. 물론 발탁된 친구도 본선에서 탈락하여 같은 신세가 되었지만 나로서는 큰 내상을 입고 말았다.

그 일을 빌미로 이곳저곳 옮겨 다니며 인사불성이 될 정도로 술을 심하게 마셨다. 아파트 문을 들어서며 정신을 차리니, 아뿔싸! 어디서 그랬는지 앞니 두 개가 끝부분이 떨어져 나가고 입술이 부어터져 있었다. 하필 그날은 김장을 한다고 장모님이 모처럼 집에 와서 하룻밤 주무시기로 한 날이었다. 꼭 맹구처럼 된 내 모습을 보고 장모님은 어떤 생각을 했을까. 고인이 되신 장모님에게 못난 사위로 기억된 것 같아 송구스러울 따름이다.

내가 공직에 몸담을 초창기에는 기관장으로 부임하는 분들이 직원들에게 군대처럼 긴장된 상태를 강제하는 경우가 많았다. 그래서 비상연락체계를 점검한다는 명목으로 자주 자체 비상소집훈련을 실시하곤 했었다. 이때 제대로 응소를 하지 못하면 경위서를 쓰고 벌 당직까지 세우는 불이익이 있었다.

하루는 비공식 채널로 내일 새벽 5시에 비상이 걸린다는 정보를 입수했다. 늦어도 2시간 내에는 응소를 해야 하므로 그날 저녁에는 귀가를 서둘러야 한다. 그래서 구포 사는 애주가 선배에게 특별히 귀띔을 하며, 오늘 저녁은 딱 한 잔만 하고 가시라고 신신당부를 했다. 그런데 그 선배가 다음날 평소보다 더 늦게 출근을 하였다. 나중에 이야기를 들으니 내 말대로 딱 1잔만 하고 완행열차를 타고 집으로 향했더란다. 그런데 그만 깜박 잠이 들어 '아차!' 하는 사이에 구포역을 넘어가버렸고, '에잇, 이왕 이렇게 된 것' 하며 대전까지 올라갔었단다. 거기 대합실에서 웅크리고 있다가 새벽에 첫차를 타고 온 게 그 시간이라고 했다.

그 선배는 안타깝게도 한창 나이에 간암으로 이승을 하직하고 말았다. 사람 좋고 정이 많은 선배에게 내가 해 줄 수 있는 일은, 빈소에서 옷깃을 여미며 좋아하는 술을 한잔 따라 올리는 것밖에 없었다. 벌 당직을 서며 무안해 하던 모습이 아직도 눈에 선하다.

우리는 점심시간만 되면 청사 운동장 벤치에 모여 앉아 이런저런 우스갯소리를 나누는 게 일상사였다. 그날의 소담 주제는 어쩌다 보니 술 마시고 실수한 이야기였다. 입담 좋은 관리계 선배의 경험담은 이랬다.

"하루는 술이 엉망으로 취해 집으로 갔는데, 아침에 깨고 보니 건물을 짓는 공사장 부근이었다. 양복은 전봇대에 비상시 밟고 올라가는 툭 튀어나온 쇠붙이에 곱게 걸어져 있고, 구두는 그 밑에 가지런히 놓여 있었다. 가관인 것은 이불인 줄 알고 포근하게 덮고 잔 것이 합판으로 된 널찍한 거푸집이었다. 그걸 원래 위치로 돌려놓고자 들어보니 무거워서 꿈쩍도 않았다."

평소 실없는 소리를 잘 안 하는 선배의 성향 상, 그날 이야기 중에서는 단연 타의 추종을 불허한 장원이었다.

지나고 보니 술꾼들의 공통점이 있더라. 술에 무슨 원수나 진 것처럼 전투적으로 마시고, 그 다음날 끄떡없다고 자랑까지 하며 비실거리는 사람을 패잔병 취급한다는 것. 내 경우만 하더라도 주량이 사람마다 다르다는 사실을 배려하는 술꾼을 여태껏 본 적이 없다. 그 술꾼이 직속 상사라고 한다면 두주불사를 상대하고 있는 부하직원은 얼마나 고역일까. 하루 이틀도 아니고….

은퇴하면서 오기로 버티던 주당酒黨에서 탈퇴했다. 세상이 어쩜 이렇게 홀가분하고 자유로운가. 한편 술친구가 없어 외롭고 쓸쓸하게 지낼까 봐 걱정을 태산같이 해주는 주당 선배가 있을지도 모르겠다. 그건 술은 술술, 아무나 하고 잘 넘어간다는 속성을 모르고 하는 오지랖. 술이 정 마시고 싶고 사람이 그리우면, 동생들과 만나 어릴 적 이야기를 하며 우애를 다지는 것도 한 방법. 술값은 큰돈은 아니지만 형인 내가 치를 수 있어서 이 또한 얼마나 폼 나는 일인가. 이도 저도 안 되면 아내와 같이 반주 삼아 막걸리 한잔하는 것도 더할 나위 없겠다.

술 이야기를 하다 보니, 한때 술로 지새웠던 세월이 가위 일장춘몽一場春夢이라는 생각이 든다. 술의 힘을 빌려서 ≪구운몽≫ 속의 양소유가 살던 세상에 잠시 머물다 온 것 같은 기묘하고도 허망한 꿈. 이제 현세로 돌아와 술을 다스릴 줄 아는 건전한 주객酒客으로 살고 싶다.

# 훔쳐보기

n번방 사건으로 인간의 추한 면이 만천하에 드러났다. 인면수심人面獸心이 따로 없다. 세상 물정 어두운 지인에게서 SNS로 일본 야동이 날아왔다. 평소 소원한 데 따른 불의의 일격이다. 맑은 정신을 흩트려 놓는 것 같아 일거에 삭제했다. 일순 마음이 더없이 차분해진다.

정신분석학자 지그문트 프로이트S. Freud는 인간은 두 가지 종류의 본능을 가졌다고 주장했다. 인간의 본능에는 긍정적이고 건설적인 힘의 토대가 되는 삶의 본능eros과 어둡고 파괴적인 힘의 토대가 되는 죽음의 본능thanatos이 있다고 보았다. 삶의 본능에는 성적 본능, 욕구 충족 본능, 창조적 본능, 사랑의 본능 등이 포함되는데, 프로이트는 삶의 본능의 에너지를 리비도libido라고 했다. 나아가 그는 성적 충동이 유아부터 성인에 이르기까지 모든 인간의 중요한 본능 가운데 하나라고 주장했다.(방송대 출판문화원)

또한, 프로이트는 인간 정신의 구조에 영향을 주는 힘으로서 세 가지 개념을 들고 있다. 그것은 원초아原初我 id, 자아自我 ego, 초자아超自我 superego로서, 원초아의 쾌락 추구, 초자아의 완벽 추구, 그리고 이것을 적절히 조절하는 자아의 현실적 기능을 말한다. 시도 때도 없이 솟아오르는 성적 욕구를 통제하는 이성적 기능이 마비되면 현실적으로는 낭패를 보게 된다는 말이다.

그렇다면 훔쳐보기는 살아있는 사람이라면 당연히 가지는 본능인가, 아니면 초자아의 기능이 마비된 추태의 한 일면에 불과한가?

한창 성적 호기심이 왕성한 중학생 시절. 영어 단어를 외우다 잠시 밖에 나와 더위를 식히고 있었다. 무심코 건너편 2층 집을 쳐다보니, 주황색 전등 불빛 아래로 단발머리의 여학생이 나신으로 '휙' 하고 지나간다. 찬물을 덮어쓰고 거실을 거쳐 자기 방으로 들어가다가 내 눈에 포착된 모양새다.

순식간의 일이라 얼떨떨한 가운데서도 여체의 곡선이 어쩜 그렇게 오묘하고 신비스러운지. 책상머리에 앉아서도 눈앞에 아롱거려 공들여 외운 단어가 모두 물거품이 되었다. 그날부터 틈만 나면 그 집을 훔쳐보곤 했지만 다시는 그런 행운이 찾아오지 않았다.

이런 훔쳐보기가 인간의 공통된 욕구란 사실을 알게 된 것은 중앙동에 있는 사무실에서 근무할 때였다. 총각 때였으니까 40년도 더 된 일이다.

그때의 청사 주변은 살림집은 없고 사무실만 밀집되어 있었다. 직장인이 퇴근하고 난 밤 10시 이후로는 사람의 발길이 뚝 끊어져 일시적으로 도심 공동화 현상이 나타나곤 했었다. 전면의 철도 하치장에선 열차의 쿵쾅거리는 소음이 끊일 새 없었고, 새벽이면 고성능 스피커로 열차를 호출하는 소리가 온 동네를 들쑤셔 놓았다.

청사는 지하 1층, 지상 4층의 직사각형 구조였다. 1층에는 계단을 사이에 두고 동쪽과 서쪽에 각 부서의 사무실이 있었다. 당직실은 동쪽 사무실 출입구 쪽에 좁게 위치하여, 수위를 포함해 주무와 부무 각 1명씩, 총 3명이 쪽잠을 자며 근무했다. 그리고 운동장 동쪽 모서리, 철도 하치장으로 치우친 곳에는 1층짜리 관사가 꼭 벙커처럼 납작 엎드려 있었다.

한편, 서쪽 사무실 바깥에는 다섯 칸으로 된 폭이 너른 계단이 있었다. 민원실 비상문과 연결되어 있었고, 계단 옆의 긴 화단에는 사철나무가 방풍림처럼 심어져 있었다. 여기에 맞은편 맹아학교 건물이 검은 그림자를 길게 늘어뜨리고 있어, 계단이 위치한 공간에는 자연스럽게 으슥하고 아늑한 환경이 조성되었다.

어느 날 보안점검을 하다가 서편 사무실 쪽, 밖으로 미는 형태의 창문이 살짝 열려 있어 당연하다는 듯이 문을 굳게 닫았다.

조금 있으니 수위 근무자가 나를 불러 그 창문을 다시 열어 놓으라고 한다. 왜 그러냐고 물으니까, 밤이 이슥하면 손님이 찾아온단다. 그게 무슨 소리냐고 다시 물으니, 이 근처의 사무실에 근무하는 사람들이 술을 한잔하고 여기에 사랑을 나누러 들른다는 것이다.

'설마? ….'

밤이 깊어 서편 사무실 출입문을 통과하여 고양이 걸음으로 창문 옆에 섰다. 남녀 한 쌍이 계단 중턱에 앉아 있다. 귀 기울여 들으니 앳된 여자와 나이가 좀 든 남자의 목소리다.

한참 뜸을 들이다가 본격적인 행동에 들어간다. 숨소리가 가빠지고 여자의 코맹맹이 소리가 들리자, 나도 덩달아 콧김이 뜨거워진다. 그리고 조금 후. 그들은 아무 일 없었다는 듯이 유유히 대로변으로 사라지고, 쓸데없이 열이 오른 나는 당직자의 근무수칙대로 밤새도록 뜬눈으로 지새웠다.

그날 이후로 당직만 서면, 그 유리창 옆이 내 주된 근무지였다. 그런데 이런 근무행태가 총각인 나만 그런 게 아니라는 사실에 방점이 있다. 심지어 머리가 희끗거리는 점잖은 주무 한 분은 훔쳐보는 게 들킬까 봐, 여름에 입는 반팔 흰 셔츠 위에 검은색 동계 근무복까지 챙겨 입고 땀을 뻘뻘 흘리면서 보고 있었다. 그러니까 나이와 직급에 상관없이 훔쳐보기의 열풍이 온 청사를 휩쓸고 있었던 것이다.

우리는 이 장소를 아베크 손님을 받는 '○○여관'이라고 불렀다. 우리 기관의 이름을 따서 명명했지만, 우리가 보살펴 드려야 할 분들의 명예에 누를 끼칠까 우려되어 '○○'으로 표기했음을 너그러이 이해해 주시기 바란다.

그런데 돌발 변수가 발생했다. 어느 날 주무 한 분이 여관에 손님이 찾아오자 기다렸다는 듯 부리나케 2층 사무실로 올라가서, 창문을 열고 붉은 플라스틱 양동이에 들어있던 방화수를 사정없이 내리부었던 것이다.

이 일로 그 선배는 여론의 중심에 섰다. 여론은 우리 처의 모토인 '국가에 헌신한 분을 위해 성직자와 같은 자세로 봉사하자'의 모범을 보였다는 부류와 '에이, 보기 싫으면 그냥 안 보면 되지 왜 물까지 뿌려서 여관 영업에 막대한 지장을 초래하느냐'로 나누어졌는데, 아무래도 후자의 경우가 다수를 치지했던 것 같다.

그 이후로 여관 영업이 급격히 하강곡선을 그려 개점휴업 상태가 되고 말았다. 사후 분석컨대, 그 여관은 아는 사람만 애용하는 소수의 단골 고객층이 주를 이루었던 것으로 추정된다.

그 이후 일상의 하나인 점심시간에 운동장 벤치에 모여 앉아 이런저런 담화를 나누던 중, 선배 한 분이 모래를 가득 담아 재떨이로 사용하는 항아리를 가리키며 저게 엄청 무겁더라고 한다.

무슨 말이냐고 하니까, 우리 여관이 거의 폐점 단계라 혹시나 하고 담벼락 주변을 안에서 귀를 곤두세우며 순찰하고 다녔단다. 그랬더니 바로 우리가 앉아 있는 벤치 뒤편, 철도 하치장 쪽에 손님이 와 있더란다.

'얼씨구나!' 하고 담벼락을 짚고 내려다보려니, 담이 너무 높아서 자세를 잡을 수가 없었단다. 그래서 할 수 없이 항아리를 옮겨 발판을 삼았는데, 아침에 원래 위치로 돌려놓으려니까 무거워서 꼼짝을 않더란다. 시험 삼아 들어보니, 한창때인 나도 겨우 들 정도로 무거웠다.

하루는 수위 근무자가 관사 대문 앞이 소란스러워 순찰을 잘 돌라는 특명을 받았다며 슬그머니 일어서서 나갔다. 그리고 한참 후, 무슨 큰일을 한 것처럼 호기롭게 들어오더니 아베크 한 쌍을 적발해 혼을 내서 쫓아 보냈단다. 어쨌든 그나마 남아 있던 손님이 그 이후로 완전히 발길을 끊었으니 여관은 결국 폐업하고 말았다.

그렇다면 이 사건에서 청사 주변을 얼쩡거린 손님이 문제일까, 순찰을 핑계 삼아 여관 손님을 훔쳐본 우리가 문제일까. 아무래도 팔이 안으로 굽는다고, 원인 제공자가 더 문제일 것 같은데…. 그것도 서로 좋아서 으슥한 곳을 찾아 인간의 본능에 따라 행동한 일이 뭐가 문제냐고 항변하면 답변이 궁색해진다.

아무튼 남에게 피해를 주지 않는 적당한 훔쳐보기는 삶의 활력소가 될 수도 있겠다. 그렇다고 지나치면 n번방 사건처럼 온 세상 지탄의 대상이 되고 패가망신한다는 것은 명약관화하다. 평소 이성을 잘 갈고닦아 지나친 욕구를 통제하는 일에 게으름이 없어야 하겠다.

끝으로, 그 시절 함께했던 분들께 그리움을 담아 드리는 말씀.

"○○여관의 주인들이여, 항상 건강에 유의하시고 늘 행복하소서!"

# 부산 갈매기

프로야구는 내 삶의 활력소다.

프로야구 시즌이 시작되고 텔레비전으로 중계를 보다 보면, 특이한 복장과 분장을 하고 승패와는 상관없이 그냥 응원을 위해 사는 것처럼 행동하는 별난 사람들을 자주 접한다. 우리는 이런 사람들을 야구에 살고 야구에 죽는野生野死, 야구에 곱게 미친 사람들이라고 부른다. 나는 그 정도까지는 아니지만 거의 버금한 수준에 있다.

프로야구가 1982년도에 출범했을 때는 사직야구장이 건립되기 전이라, 구덕운동장 동편에 붙은 구덕야구장에서 경기를 했었다. 그해 우리 부서에서도 야구의 인기에 편승하여 단체로 야구 관람을 갔었다. 그날 롯데의 상대는 제과업계의 맞수이자 호남을 연고로 하는 해태 타이거즈였다. 우리는 당연히 홈팀의 응원석인 1루 쪽에 자리를 잡았다.

그런데 문제의 소지가 하나 있었다. 우리 부서의 핵심 선배 중 한 분이 해태를 응원한다는 거였다. 그래서 자리는 같이 하되 타이거즈 선수가 안타를 쳐도 절대로 손뼉을 치거나 벌떡 일어서면 안 된다고 신신당부를 하였다. 안 그러면 뒤에서 소주병이 날아와 애꿎이 우리 머리까지 깨진다고 통사정을 하였더니, 선배도 그 정황을 이해하고 그러마고 굳게 다짐했다.

사실 그때 경기장 상황은 보통 심각한 게 아니었다. 내가 경기 중에 화장실에 잠깐 들렀을 때의 일이다. 넥타이를 맨 점잖게 생긴 관중 한 분이 술 취한 집단에게 둘러싸여 멱살잡이를 당하고, 거의 폭행 수준의 욕을 얻어먹고 있었다.

"여기가 어디라고 와서 해태 응원하노!"

"안 그래도 경기가 지고 있어서 열받아 죽겠는데, 확 마!"

경기는 엎치락뒤치락 끝에 홈팀인 롯데가 지고 말았다.

경기가 끝나고 야구장 앞, 구덕맨션 1층에 있는 맥줏집에서 뒤풀이를 할 때였다. 마침 롯데 선수들 몇몇이 퇴근 복장을 하고 우리가 있는 곳으로 쑥 들어왔다. 좀 떨어진 곳에 자리를 잡고 앉았는데, 우리 부서원 중에서 목소리가 큰 선배가 기어이 한 소리를 하고 만다.

"경기도 지고 뭐가 잘 났다고 뻔뻔스럽게 여기에 기어들어 오노. 그냥 집에나 쳐가지!"

그러자 분위기가 일순 싸해지고, 조금 있으니 선수들은 소리 소문도 없이 사라지고 없었다. 이제야 속에 묻어둔 이야기를 하나 털어놓으려고 한다. 그때의 살벌한 분위기 때문에 인사도 못했지만, 그중 한 선수는 중1 때 바로 내 뒷자리에 앉았던 친한 급우였다는 사실. 나중에 미스터 올스타를 두 번하고, 야구계의 신사로 알려진, 감독을 여러 번한 그 선수. 그날의 분위기상 모른 체 시치미를 뚝 떼고 내 살길을 찾을 수밖에….

그리고 1983년 무렵. 부산에 사무실을 둔 국가기관끼리 친목과 체력증진을 위해 재부 행정기관 체육대회가 열렸을 때였다. 대회는 구덕운동장 주변의 체육시설을 이용하여, 축구, 배구, 육상, 줄다리기 등으로 승부를 겨루는 방식이었다.

나는 축구 선수로 선발되어 축구장으로 임시 개조한 구덕야구장에서 몸풀기로 공을 다루고 있었다. 내가 찬 공이 3루 벤치 쪽으로 힘없이 굴러 갔다. 마침 그 앞에 나와 있던 선수가 공을 발로 차지 않고 손으로 잡아, 밝고 겸손한 표정으로 나에게 건네줬다. 그 선수가 고故 최동원 선수다.

최 선수의 불같은 강속구와 무쇠팔의 투혼으로, 롯데는 1984년에 후기리그 우승과 함께 한국시리즈 우승을 거머쥐게 되었다. 그 후의 행적을 보면 그는 야구를 위해 살고, 야구의 발전을 위해 혼신을 불살랐던 진정한 부산 사나이임에 틀림이 없다. 약자 편에 서서 시대를 앞서가다 자기를 희생한 거인 중의 거인이 아니던가. 우리 모두는 그에게 너무나 큰 빚을 지고 있다는 생각을 떨칠 수가 없다.

1986년 사직야구장으로 옮기고 난 뒤에는 귀가길이 멀어서 발길이 좀 뜸해지기는 했다. 그래도 호국보훈의 달인 6월에 호국영웅의 시구가 있으면, 행사 겸해서 필히 관람석 한

자리를 차지했다. 갈 때마다 느끼는 사항이지만 사직야구장의 응원 열기만큼은 자타 공인 리그 최고 수준이다.

우뚝 솟은 조명탑에 대낮같이 밝은 조명등이 켜지고, 하얀 유니폼을 입은 홈팀의 선수가 푸른 잔디밭에 장난감 병정처럼 포진한다. 이에 어우러진 백구가 경쾌한 타구 음을 울리며 까만 밤하늘을 가르기 시작하면, '부산 갈매기', '돌아와요 부산항에' 등 세상에서 가장 큰 사직 노래방이 펼쳐진다. 뒤이어 찢어진 신문지 흔들기, 완급을 조절한 파도타기, 머리에 덮어쓴 황색 봉다리의 물결 등, 누구라 할 것 없이 열광의 도가니 속으로 빠져든다.

요즘 야구장에 가면 여성과 가족단위의 관중들이 다수를 차지하고 있어 관전 문화가 건전한 쪽으로 잘 성숙되어 있다. 하지만 불과 얼마 전까지만 해도 거친 수컷들이 판을 치는 야생野生의 세계가 따로 없었다.

술에 만취하여 욕설은 기본이고, 오물을 투척하여 앞에 앉은 관중들은 마른하늘에 날벼락 맞기 일쑤였다. 2009년에 개봉하여 천만 관객을 동원한 영화 〈해운대〉를 본 사람들은 다들 공감했을 게다. 술에 대취한 설경구가 철망을 부여잡고 조선의 4번 타자 이대호 선수에게 욕설을 질펀하게 내지르던 장면이 '어찌 저래 실제와 똑같노!' 하고.

사실 현장은 더 난장판이었다. 술에 만취한 관중이 흐트러진 복장으로 경기장에 난입하여 경기 진행요원과 술래잡기를 하는 것은 애교 수준에 불과하고, 드럼통으로 된 쓰레기통에 불을 질러 드높은 그물망 위로 끌고 올라가 필드에 던져 넣는 고난도의 묘기도 서슴없이 펼쳐냈다. 그게 혼자 힘으로는 도저히 할 수 없는 일이라는 데 사태의 심각성이 있다. 누군가 주동이 되어 군중 심리를 부추기면, 영화 〈부산행〉의 좀비들처럼 떼거리로 사정없이 확 달려들었다.

성적이 나지 않으면 구단 버스 앞에 드러누워 감독 청문회도 서슴없이 해대고, 버스 유리창도 박살을 내는 등 극성팬들의 등쌀에 선수들도 영화처럼 〈극한직업〉으로 내몰렸디고나 할까. 아버지를 따라온 애들을 생각하면 얼굴이 다 화끈거릴 정도였다. 물론 파울볼을 잡으면 "아(아이들) 주라!" 하는 좋은 풍토를 조성한 것도 있긴 하지만….

휴대폰에서 야구 중계가 보편화되지 않았을 때, 나는 KBO 리그가 개막하면 모든 일정을 텔레비전 중계에 맞췄다. 지금은 성적이 부진하여 시들해졌지만, 부산 남자라면 다 그랬다. 회식 중에도 수시로 화장실에 가는 척하며 식당 텔레비전 앞에서 서성였다. 술자리가 파하면 교통비 아끼지 않고 부리나케 택시를 잡아타고 집으로 향했다. 그러면 택시 기사는 당연하다는 듯 라디오 주파수를 야구 중계에 맞췄다.

롯데가 한참 꼴찌 탈출을 위해 사력을 다할 때, 텔레비전 중계 화면에 비친 열혈 팬들 손에는 이런 현수막이 들려져 있었다.

"롯데가 잘해야 집구석이 편하다." 마치 나의 경우를 빗댄 것 같았다.

경기에 지고 나면 기분이 엉망이 된다. 특히 집에서 중계를 보고 있으면 아내가 내 눈치를 슬슬 보고, 가급적 주변에 얼씬도 하지 않는다. 경기가 잘 풀리지 않으면 온갖 욕설을 다 퍼붓는다. 그러다가 역전이라도 시키면 세상 다 가진 기분으로 혼자서 손뼉을 치고 방방 뛰며 난리도 아니다. 내가 생각해도 살짝 맛이 간 상태가 된다.

그래도 이기는 날은 부부간에 금실이 돈독해지는 효과는 있다. 아내 입장에서는 야구가 병 주고 약주고 하는 셈이다.

그래서 시즌이 끝나면, 나의 세상 다 끝난 표정과는 달리 아내는 새삼 홀가분한 표정이 된다. '아, 오해하지 마시라!' 이것은 내가 한참 젊고 현직에 있을 때의 이야기다. 지금은 텔레비전 채널 선택권 자체가 없으니, 궁여지책으로 텔레비전 한 대를 더 구입하여 안방에서 쥐 죽은 듯이 조용히 보고 있다.

롯데가 한국시리즈에서 마지막으로 우승한 게 1992년도이다. 그 이후 제리 로이스터 감독이 와서 '노 피어No Fear'를 강조하며 공격야구를 한 시즌과 양승호 감독이 취임하여 불펜을 동원한 '벌떼야구'로 연달아 가을야구를 한 시즌을 제외한 나머지는 전반적으로 성적이 별로였다. 내 야구 관전사觀戰史를 놓고 보면 정신건강에 별로 이로울 게 없었다는 이야기다. 아내도 그만큼 스트레스를 많이 받았다는 뜻도 되고.

우리 다섯 형제의 야구사랑은 큰형님에게서 정점을 찍는다. 큰형님은 소위 말하는 골수 롯데 팬인 롯빠다. 팔순이 넘은 연세 탓인지, 근자에 노환으로 병원에 입원을 하고 치매기도 살짝 있다.

다급한 마음에 전력상 어려운 줄 알면서도 이렇게 억지를 부릴 수밖에.

"롯데야! 우리 큰형님이 건강하고 정신이 온전할 때, 우승이란 선물을 줄 수 있도록 야구 좀 잘하자. 부탁한데이."

# 파수병

중앙공원에 있는 충혼탑忠魂塔 정기 참배를 할 때였다. "저게 무슨 꽃인지 아세요?" 청장이 잘 가꾸어진 잔디밭 위에 조그맣고 앙증맞게 생긴 자주색 앉은뱅이 꽃을 가리키며 넌지시 물어왔다. 잘 모르겠다고 하니 입가에 미소가 묘하다. 가만히 살펴보니 잔디밭 군데군데 제법 떼로 피어 있다.

몸가짐을 단정히 하고 하늘을 향해 우뚝 솟은 충혼탑 아래에 선다. 이곳 충혼탑은 정부 수립 이후 순직한 부산 출신 국군과 경찰관을 비롯한 전몰용사들의 영령을 추모하기 위해 1983년 8월 15일에 건립하였다. 같은 해 9월 영령들의 위패를 탑신 아래 봉안실로 모셔오기 전까지, 현충일 추념식은 용두산공원 동쪽 좁은 장소에 자리를 깔아놓고 했었다. 그때는 참석한 유족도 많았고 활기가 넘쳤다. 40년 가까운 세월이 흐른 무렵, 중앙공원 충혼탑 잔디밭에는 참석한 유족도 적은 데다 모두 꼬부랑 할머니가 되었다. 듬성듬성 늘어난 빈자리는 장성한 손 · 자녀들이 대신 메웠다.

참배 후 사무실로 돌아와 눈여겨 봐뒀던 꽃을 인터넷으로 찾아보니 제비꽃이다. 강남에 갔던 제비가 돌아올 때쯤 꽃이 핀다고 해서 붙여진 이름이다. 지방에 따라서는 꽃의 뒷모습이 오랑캐의 뒷머리를 닮았대서 오랑캐꽃이라고 부르기도 한단다. 마치 호국영령들이 오랑캐꽃에 포위당한 모양새다. 순간 기분이 묘해진다.

1979년에 입사한 동기들 중 13명이 부산으로 왔다. 다시 부산, 울산, 밀양, 마산, 진주, 함양, 제주 등의 지청으로 뿔뿔이 흩어졌다. 나는 부산지청과 청사를 같이 쓰는 부산지

방청 관리과에서 근무하게 되었다.

처음에는 이곳이 전쟁터로 착각할 정도로 소란스러웠다. 매일 찾아와서 행패를 부리는 몇몇 과격한 민원인들 때문에 정상적인 근무가 어려웠다.

"네놈들이 누구 때문에 여기서 근무하는 줄 아느냐?"

의족을 벗어던지며 내뱉는 살벌한 욕을 실컷 얻어먹거나, 와장창하고 유리창 깨지는 소리를 들어야 하루가 간 것 같았다. 젊은 직원들 중에는 이런 상황을 견디지 못해 다른 부처로 옮겨가거나, 시험을 다시 쳐서 면서기를 하겠다고 그만둔 직원이 많았다. 부산으로 온 동기들 중 우리 처에서 끝까지 완주한 직원은 나를 포함해 고작 5명에 불과했다.

한국 전쟁이 발발할 당시에는 산업 기반이 갖추어지지 않아 몸으로 힘을 쓰는 일에 종사하는 사람이 대다수였다. 그런 이들이 팔 다리를 잃고 노동력을 상실한 채로 사회에 내던져졌다고 상상해 보라. 그들이 무엇으로 이 험난한 세상을 버텨낼 수 있었을까. 나라 살림이 어렵다는 명목으로 희생과 인내만을 강요한 세월이었다. 그에 대한 불만을 일선 기관에서 젊은 직원들이 고스란히 몸으로 받아내고 있었다.

지금이야 보상금도 어느 수준까지는 올라와 있지만, 당시만 해도 6개월에 한 번 지급하는 보상금이 겨우 쌀 한 말 값 정도였다. 실생활에 별반 도움이 되지 않는 상징적인 것에 불과했다. 그래서 우리 처에서 내부적으로 정한 목표가 자식이나 남편, 아버지를 여읜 데 대해 적어도 매월 쌀 한 가마 값 정도는 지원할 수 있도록 하자는 거였다. 영향력 있는 인사에게 연줄을 동원해 여론몰이를 할 정도로 정말 절실했다.

그 정책 목표가 이루어진 게 서울 올림픽이 있던 해인 1988년도였다. 이때 정확히 쌀 한 가마 값인 매월 10만 원 정도를 보상금으로 지급할 수 있었다. 전쟁이 끝난 지 무려 35년이나 지난 뒤였다. 전몰군경 유족 및 미망인은 물론 상이를 입은 국가유공자 본인과 그 유가족들이 엄청난 고통 속에서 긴긴날 견뎌왔던 것을 단적으로 보여주는 사례다. 국민이 그분들에게 큰 빚을 졌다고 할 수 있겠다.

다행히 어려운 환경 속에서도 훌륭하게 성장해 준 자녀들이 많았다. 행정소송을 수행하러 한참 법원을 출입할 때였다. 담당 재판장이 고등법원 수석부장판사였다. 준비절차로

판사실에서 직접 대면하며 이야기를 나누던 중에 자신도 전몰군경 자녀라고 한다. 사무실에서 자료를 찾아보니 어머니가 장한 미망인상을 수상하신 분이다. 나중에 지법원장으로 영전했을 때는 내가 몸담고 있는 기관이 그렇게 자랑스러울 수가 없었다.

시절도 세월 따라 변하는 모양이다. 보훈처에 오래 근무하다 보니, 그간 힘든 기관이라고 천대받던 곳이 신규 공무원에게 선호도가 꽤 괜찮은 것으로 나온다고 한다. 격세지감隔世之感이긴 하지만, 그만큼 보훈정책이 국민들에게 잘 스며들고 있다고 할 수 있겠다.

나이가 들수록 남을 위해 봉사하는 삶을 살기를 권한다. 그런데 나의 근무처는 국가를 위해 희생하고 헌신한, 특별한 분들을 모시는 기관이 아니던가. 그분들을 위하는 일에 평생을 봉직할 수 있었으니, 복도 이런 복이 없다. 생활실태조사를 위해 가정방문을 나가면 꼭 전사한 아들이 살아온 듯이 반겨주던 유족 어머님들, 비만 오면 떨어져 나간 팔 부위가 쑤시고 아프다며 술로 달래던 전상 국가유공자들. 그분들과 함께한 애환의 세월이 주마등처럼 스쳐가며 가슴 뭉

클한 감회가 새롭다.

나는 2013년에 은퇴한 후에도 매월 초만 되면 마음을 정결히 하고 집 뒤편 구덕산 기상관측소까지 산행을 한다. 1시간 가까이 힘들여 올라가서 산 정상에 서면, 멀리 구봉산 기슭을 장대하게 딛고 서있는 충혼탑이 나타난다. 옷깃을 여미고 나라를 지켜주신 데 대한 감사의 인사부터 한다. 곧이어 깊숙이 머리 숙여 가신 님의 명복을 비는 묵념을 올린다. 더불어 전몰군경 유가족들을 위로하는 마음 인사도 한다. 이렇게 해야 한 달 내내 마음이 편하다. 구덕산을 오르는 일이 점점 힘에 부쳐간다. 그래도 다리에 힘이 있을 때까지는 계속할 생각이다.

충혼탑 앞에 선 탑비塔碑의 글로, 호국영령들의 고귀한 희생을 가슴속 깊이 되새겨 본다.

"파수병처럼 멀리로 바다를 바라보고 서 있는 이 탑신을 쳐다보면서 그대는 무엇을 생각하는가. … 한번인들 오늘 햇빛같이 밝은 자유 속에서 베개를 돋우고 잘 수 있는 근원이 어디에 있는 것임을 생각해 본 적이 있었으며 눈부

신 국제무대에서 선진조국의 위용을 빛내고 있는 실력이 어디서 왔던 것임을 돌이켜 본 적이 있었던가. …"

# 밤낚시 소확행

때를 기다리는 사람. 강태공姜太公은 '낚시꾼'의 대명사다. 여기서 '꾼'의 사전적 의미는, 즐기는 방면의 일에 능숙한 사람을 낮잡아 이르는 말이다. 나는 그런 '꾼'에는 한참 못 미치지만 낚시를 취미 삼아 하는 낚시 '인人'에는 해당된다. 근교 낚시터에서 고기의 입질을 기다리며 소일하는 동네 아저씨 같은 사람.

햇살이 뜨거운 여름철, 해 질 녘에 송도 암남공원 주차장으로 간다. 제철 고기인 전갱이가 들어오면 자리다툼이 은근히 치열해서 물목 좋은 중간쯤의 긴 의자를 차지하는 게 급선무다. 대부분 동네 어르신들 몫이 되지만, 나는 그 언저리를 차지하는 것만으로도 감지덕지한다.

암남공원 주차장은 테트라포드로 이루어진 방파제 낚시와는 달리 우선 발판이 편하고 안전하다. 조개구이 천막촌에서 새어 나온 불빛과 촘촘히 늘어선 가로등으로 채비하기가 수월하다. 공중화장실과 편의점까지 갖추고 있어 생활낚시터로는 최상급이다. 굳이 흠을 들자면 감성돔, 참돔과 같은 고급 어종이 잘 낚이지 않는다는 것뿐.

해가 넘어가고 낚시터에 어둑어둑 땅거미가 지기 시작하면, 누군가 연두색 케미컬 라이트가 달린 낚싯줄로 허공을 '휙' 하고 가른다. 그러면 너도나도 아직 설익은 어둠 속으로 빨간 선자 찌를 투척한다. 오늘의 승자는 미끼에 눈먼 물고기일까, 고기에 눈먼 인간일까.

우측 멀리 수평선이 맞닿은 곳에는 갈치 배가 선단을 이룬 채 백열등을 대낮같이 밝게 예열하고, 검푸른 밤바다에는 해수욕장 주변에서 흘러나온 오색찬란한 불빛이 길게 물

그림자를 드리운다. 전방 50m 거리에는 일렬횡대로 죽 늘어선 전자 찌들이 일렁이는 물결 따라 오르락내리락 붉은빛을 점멸한다. 내 전자 찌는 그 무리들보다 조금 더 멀리 있다. 같은 어종이라도 좀 더 큰 것을 노리는 나만의 승부수다.

시간이 흐르고, 입질이 시작됐는지 한편에서 왁자지껄한 소리가 들려온다. 곧바로 나의 붉은 전자 찌가 꼭 영화 〈죠스〉의 한 장면처럼 밤바다를 사정없이 옆으로 가르기 시작한다.

'어이쿠, 고등어가 물었구나!'

이것을 제때 제압하지 못하면 주변의 낚싯줄을 걸어서, 질서정연한 빨간 찌 군단을 온통 엉망으로 헝클어 놓을 수 있다. 밤에 여러 개의 줄이 엉키면 풀기가 어렵고 시간도 많이 걸린다. 그러면 순식간에 몰려왔다 나가는 고기떼의 습성 상, 때를 놓칠 확률이 아주 높다. 그래서 먼저 걸은 사람이 자기 줄을 끊어서 해결하는 결자해지結者解之의 원칙을 적용하는 것이 낚시 예절의 가장 기본에 속한다.

다행히 적절한 타이밍에 제압을 하여, 다른 사람에게 피해를 주지 않고 고기의 얼굴을 볼 수가 있었다. 거의 시장에서 파는 수준의 씨알 좋은 고등어가 올라왔다. 마수걸이로는 꽤 괜찮은 수확이다. 두레박으로 물을 떠서 살려 놓는다.

이번에는 좀 더 멀리 던진다. 내가 서 있는 앞쪽은 허가는 내지 않았지만 주변에서 인정하는 나의 경제 수역이다. 정확하게 앞으로 던져서 내 영역임을 과시하면, 조류에 떠밀려온 빨간 점멸등은 '아이코, 실례가 많았소이다.' 하고, 재빨리 알아서들 꼬리를 감춘다.

다시 입질이 왔다. 이번에는 빨간 전자 찌가 곧바로 물속으로 잠수한다.

'아, 드디어 기다리던 전갱이가 들어왔구나!'

고등어와 달리 깊숙한 곳에서 힘을 자랑하며 꼭 감성돔처럼 쿡쿡거린다. 마지막에는 '파르르' 바늘 털이까지 요란하다. 올라온 녀석은 15cm 정도의 잘 생긴 전갱이 어린놈, 메가리다. 이렇게 시작된 입질은 소나기처럼 왔다가 거짓말같이 한순간에 뚝 끊어져 버린다. 그러면 온 낚시터에 괴괴한 적막이 흐르고, 이 낚시터의 생리를 잘 아는 사람은 이쯤에서 주섬주섬 낚싯대를 챙겨서 일어선다.

나 같이 밤바다를 즐기는 부류는 오히려 이런 상황이 반

갑다. 한결 여유로워진 전자 찌의 유영, 줄에 묻어나는 바닷물의 신비로운 야광 띠, 밝은 달까지 가세하면 칠흑의 운치에 가슴은 벅찬 감동으로 출렁인다. 시정詩情의 물결로.

이런 풍류를 아는 자세에 보답이라도 하듯, 예상을 깨고 새로운 입질이 들어온다. 고기가 물은 것 같기도 하고 아닌 것 같기도 한 이상한 입질. 빨간 점멸등이 잠시 깜빡거리다가 물속에 약간만 잠긴 채로 한자리에서 꼼짝을 않는다. 반복된 캐스팅에 지친 상태라 원줄을 살짝 당겨서 전자 찌만 물 위에 나오게 한 뒤 가만히 내버려 둔다. 그래도 다시 잠긴 상태로 돌아가면, 그때야 '정말 귀찮은 일'이라고 혀를 차면서 줄을 감는다. 감을 때도 아무런 느낌이 없다.

바로 발밑 가까이로 오면 허연 물체가 달려 있다. 바다에 떠있던 휴지가 걸린 것인가 하고 고개를 갸웃거리며 올린다. 갈치 작은 놈, 꼭 손가락 2개 굵기의 풀치가 물려있다. 이빨이 날카로워 가는 철사로 된 밑줄을 따로 써야 하는데, 그냥 가는 목줄에 걸려 올라온 것이다.

풀치를 올리면 정말 가관이다. 도어刀魚의 백설같이 하얗고 긴 나신이 까만 허공에서 눈부시게 빛난다. 가는 가시가 선명한 등지느러미는 아래위, 파동 치는 은백색의 율동으로 요염하기까지 하다. 꼭 몸맵시 날렵한 여기女妓의 현란한 검무劍舞가 펼쳐진 꼴이다.

'어디서 이런 장관을 볼 수 있겠나!'

그야말로 낚시하기를 잘 했다는 생각이 절로 드는 순간이다. 장만만 잘 하면 회로도 먹을 수 있다는데, 나는 그런 수고로움이 귀찮다. 집에 가져가서 고등어와 함께 프라이팬에 기름 둘러서 구워 먹는 것이 전부다. 메가리는 두껍게 포를 떠서 초장이나 고추냉이에 찍어 먹으면, 쫀득쫀득한 것이 소주 안주로는 최고의 별미別味다.

이렇게 암남공원의 밤낚시는 나에게 소소한 행복小確幸을 제공하고 있었다.

# 어떤 선택

## 1

낯선 길에는 길라잡이를 앞세운다. 나의 어쭙잖은 생활낚시도 예외는 없다. 그 길잡이는 같은 자치구에 사는 동갑내기 사촌이다. 그의 모든 삶은 낚시로 일관하고 있어 나는 대접하는 차원에서 김 프로라고 부른다. 인근에 사는 일곱 살 터울의 막냇동생도 나와 취미가 같다. 자연히 낚시 스승도 동일인이다.

오늘은 김 프로의 제안에 따라 다대포의 내만권에 갯바위 출조出釣를 가는 날이다. 새벽부터 서둘러 동생과 약속 장소에 도착하니 열정 많은 스승이 먼저 와있다. 낚시점에 들러 이것저것 공동으로 사용할 것들을 준비한다. 나는 여분으로 숭어 꽃낚시용 재료를 구입하고 주인에게 채비 방법을 묻는다. 동생과 사촌은 그런 나를 애써 외면한다. 적어도 오늘만큼은 대상 어종이 감성돔이나 참돔 정도라고 생각하는데, 변함없이 생활낚시용 재료를 준비하니 어이가 없는 모양이다.

선착장에 가서 출항신고서를 작성하는 중, 한 배로 출항할 인원이 순식간에 꽉 채워진다. 커피를 마시고 구명조끼를 착용했다. 구명조끼는 밑으로 빼어져 나온 줄로 다리 부분을 단단히 묶어야 한다. 그렇지 않으면 유사시에 머리 위로 벗겨져 시신도 찾을 수 없는 안타까운 일이 벌어지기도 한단다.

하늘이 희뿌옇게 변할 무렵, 소형 낚싯배는 대물의 꿈을 가득 안고 대양을 향해 힘차게 출항한다. 가장 가까운 솔섬에 한 팀이 내린다. 다음은 우리의 목적지인 쥐섬이다. 선장이 갯바위의 평평한 곳으로 배를 거칠게 밀어붙이자, 장비를 들고 잽싸게 하선했다. 제일 먼저 도착한 덕분에 물목 좋은 곳을 차지하려는 자리다툼은 없었다.

발판이 편한 곳에 자리를 잡고 평소와 같이 감성돔 채비로 낚시를 시작했다. 0.5호 구멍 찌에 반유동 채비를 하여 좌측으로 캐스팅하니, 물 흐름이 거의 도랑물 수준이다. 밑밥을 치고 캐스팅을 수없이 반복하여도 미끼가 그대로 살아온다. 물속에 생물이 있는지 의심스러울 지경이다. 샛바람이 터졌는지 바람마저 세차게 몰아쳐 낚싯대를 세우기조차 힘들었다.

그렇게 오전 내 실랑이를 하였으나, 내 낚싯대에 쓸데없는 복어 몇 마리가 올라온 게 전부다. 낚시 장소를 추천한 김 프로의 체면이 말이 아니다. 점심을 김밥과 컵라면으로 때우고, 나는 과감히 채비를 수정했다. 5호 원줄을 감은 중형 스피닝릴에, 무거운 경질 3호 낚싯대로 숭어 꽃낚시 채비를 한다.

노란색의 큰 플라스틱 찌, 그 아래 T자형으로 생긴 양 갈래의 철사 밑에 오색으로 반짝이는 꽃술과 갈고리처럼 생긴 낚싯바늘 두 개를 달고, 20호 봉돌을 물린 다음, 앞으로 힘차게 캐스팅했다.

'워낙 낚시가 안 되니까, 시간 보내기로 저럴 수도 있겠구나.'

내가 처음 낚시를 던졌을 때는 다들 이런 생각이었을 게다. 사실 나조차도 긴가민가했으니까. 그런데 얼마 지나지 않아 기적 같은 일이 일어났다. 물오리 모양을 한 노란색의 대형 찌가 잠깐 한 눈을 판 사이에 흔적도 없이 사라진 것이다.

나는 스승에게 배운 대로 힘껏 챔질을 하고, 낚싯대를 세운 뒤, 재빨리 줄을 감아 들이기 시작했다. 그런데 땅에 걸린 것처럼 잘 당겨지지 않으면서 릴에서는 연신 드랙 풀리는 소리가 "끼이익" 비명처럼 났다. 그래도 꾸준히 당겨져 오는 것을 보면 고기가 물고 있는 것은 분명했다.

'이것이 말로만 듣던 낚시인의 로망인 바로 그 몸 맛?'

중노동 끝에 대형 숭어가 자태를 드러냈다. 백태 낀 흐릿한 눈으로 반짝이는 꽃술을 먹이로 알고 무턱대고 덤비다가 큰 갈고리바늘이 몸통 깊숙이 박힌 것이다. 버둥대는 숭어의 힘이 그대로 전해져 올 수밖에.

그렇게 시작된 꽃낚시는 던지면 입질을 하는, 소위 '물 반, 고기 반' 수준이었다. 나중에는 너무 힘이 들어서 부러워하는 동생에게 인심 쓰듯이 낚싯대를 건넸다. 동생도 난생처음의 몸 맛을 즐기다가 흥분했는지 갑자기 휴대폰으로 친구를 부른다. 동생 친구는 다음 배로 정말 총알같이 우리의 대열에 합류했다.

그 친구는 도축장에서 소나 돼지의 발골 작업을 하는 프로 칼잡이인데, 요즘 개인 사정으로 잠시 쉬고 있다고 한다. 동생이 그 친구와 이런저런 이야기 끝에 소주 안주로 숭어회 뜨기를 부탁했다. 나는 그런 이야기들을 귓전으로 들으면서, 숭어가 썰물 따라 먼 곳으로 몰려 나가서 떼를 지어 와글거리다가 번갈아 가며 풀쩍풀쩍 재주넘는 모습을 신기한 듯 바라보고 있었다. 꼭 "숭어가 뛰니 망둑어도 뛴다."라는 속담 속의 주인공을 눈으로 확인하듯이.

그러다가 우연히 동생 친구한테로 고개를 돌리니, 전혀 뜻밖의 장면이 펼쳐지고 있었다. 그가 무릎을 꿇은 경건한 자세로 꿈틀거리는 숭어를 하늘로 떠받들었다가, 다시 얼굴

가까이로 내려서 귓속말로 뭔가를 속삭이듯 하고 있었다. 순간 무어라 형언할 수 없는 묵직함이 가슴 깊은 곳에서 뭉클하고 올라왔다. 잠시 후 예술처럼 칼질을 해서 회를 떠왔다. 입안에 넣으니 사르르 녹는다. 횟집에서 먹는 숭어회와는 차원 자체가 완전히 다르다.

철수하여 낚싯배 사무실에 모이니 모두들 샛바람 때문에 공쳤다고 난리다. 내가 잡은 숭어가 오늘의 장원이란다. 분명한 사실 하나. 이렇게 전반적으로 조황이 안 좋을 때는 프로도 별 수 없고, 나같이 생활 낚시인이 더 실속이 있다는 것.

## 2

학꽁치는 주로 겨울철에 많이 잡힌다. 하얀 몸통에 입이 삐죽하게 튀어나오고 아랫입술이 빨개서, 학처럼 도도하게 생겼다. 일식집에 가면 본 요리가 나오기 전에 서비스로 나온다. 투명한 은회색 육질에 비린내가 나지 않고 담백함이 일품이다.

이른 봄날. 암남공원 주차장 인근에 있는 갯바위에 학꽁치 낚시를 갔을 때의 일이다. 암남공원 갯바위 낚시터는 김프로에게 소개받은 곳이다. 민장대 낚시에 채비를 가볍게 하고 발 앞을 노리면, 잠시간에 볼펜급 씨알로 30마리 정도는 기본으로 낚인다. 풀치 정도 크기의 형광등급은 가덕도에나 가야 잡을 수 있지만, 생활 낚시인은 이마저도 감사할 따름이다.

포근한 날씨에 학꽁치 낚시도 한물갔는지, 입질이 가뭄에 콩 나듯이 뜸할 즈음. 숭어란 놈이 단체훈련을 하는지 몇 개의 무리로 나누어 원을 그리며 돌아다니고 있었다. 나는 재빨리 학꽁치 낚시는 접고, 바늘이 양옆으로 10개 이상 죽 달린 카드 채비로 변경했다.

그리고 숭어들이 모여 있는 곳 훨씬 너머로 캐스팅을 해서, 숭어 떼 한복판에 찌가 위치하도록 서서히 줄을 감아 들이기 시작했다. 이때 성급하게 훌치기 하듯이 공략하면 어느 놈이든 한 놈은 몸통에 걸리겠지만, 1호 낚싯대의 초릿대가 견디지를 못한다. 그래서 카드 채비를 살살 끌어서, 낚싯바늘에 달린 조그만 분홍색 비닐을 새우 미끼로 알고 입으로 덥석 물도록 감아야 한다. 그래야 고삐 잡힌 황소처럼 힘을 쓰지 못하고 술술 끌려온다. 이것은 정말 인내심이 필요한 작업이다.

한참을 그런 실랑이 끝에 드디어 묵직한 손맛이 전해져 왔다. 이렇게 걸은 숭어도 발 앞까지 끌고 와서는 갯바위로 바로 끌어올릴 수가 없다. 숭어의 급작스러운 출현으로 장비 준비가 안 된 탓이다. 결국 주위의 도움을 받을 수밖에 없다.

갯바위 바로 앞에서 버티고 있으면, 뜰채를 든 어르신의 도움으로 한 마리. 그리고 또 당겨 온 숭어는 제때 뜰채를 들이대지 못해 바늘이 벗겨져 도망치고, 어렵게 두 마리째를 포획했다. 한 마리는 뜰채 질을 한 어르신들에게 맛보기로 드리고 바로 낚시를 접었다. 더 잡을 수도 있겠지만, 소주 안줏감으로 한 마리면 족하다. 이것은 생활 낚시인 나름의 살아있는 생물에 대한 예의라 하겠다.

차를 급하게 몰고 와서, 아내에게 회 뜨기를 부탁했다. 나는 학꽁치 외에는 회 뜨기가 미숙하다. 그래서 불자인 아내에게 회를 뜨게 하는 게 항상 미안한 마음이었다. 그러면서도 사서 먹는 생선도 본래는 살아 있었지 않느냐는 궁색한 변명으로 일관했다.

내가 숭어를 싱크대에 내려놓자마자 우당탕거리며 몸부림을 친다. 숭어도 죽음을 감지한 모양이다. 칼을 들어 단방에 숨길을 끊어 놓는다. 그렇게 해서라도 생명을 살殺한 데 대한 미안함을 조금이나마 들어내려는 속셈이다. 주말이라 쉬고 있던 아들이 방에서 잠시 나왔다가 들어간다. 곧이어 아내가 익숙한 솜씨로 회를 뜨기 시작했다. 내장에는 밤이라 불리는 싱싱한 위도 있다. 이것을 기름장에 찍어 먹으면 맛이 기가 막히다. 이 기막힌 맛이 내가 낚시로 잡은 고기를 회로 떠먹은 마지막 성찬이 될 줄이야.

회사에서 안전 관리를 담당하는 아들이 숭어의 죽음을 직접 목도한 뒤, 아내에게 하소연을 했던 모양이다.

"아빠가 낚시를 그만했으면 좋겠어요."

"낚시를 해서인지 회사에서 자질구레한 사고가 자꾸 일어나요."

정말 난감한 일이다. 아내도 이제 낚시를 그만했으면 좋겠다고 단호하게 말한다. 그 순간, 동생 친구가 숭어에게 귓속말로 빌던 장면이 나의 죄업罪業처럼 떠올랐다. 그날로 미련 없이 낚시를 접었다. 아무리 취미생활이라고 해도 가족이 불편해하는 일을 계속할 수는 없지 않은가.

# 내 삶의 백신

마스크 때문인지 가슴이 답답하다. 나같이 살아온 날보다 살날이 짧은 노인들은 정도가 더하다. 하루하루가 금싸라기 같은데, '집콕'이 일상화되었으니 그럴 수밖에. 기껏 하는 일은 면역력을 키우기 위해 뒷산 오솔길에서 걷기 운동을 하는 것과 한 번씩 차를 몰고 아내와 같이 장 보러 가는 게 전부다.

지루함에서 벗어나기 위해 책을 펴들었다. 각종 수필집과 헤르만 헤세, 보후밀 흐라발, J.D. 샐린저 등 유명 작가 작품들을 닥치는 대로 섭렵해 나갔다. 조금씩 이 일도 지쳐갈 즈음, 머리에 번쩍하고 섬광처럼 떠오르는 책이 있다. 바다와 하늘을 배경으로 한 인생 낚시의 전범典範과도 같은 소설.

한참 낚시에 미쳐서 돌아다닐 때였다. 바야흐로 벚꽃이 흐드러질 무렵. 큰처남과 나는 진해 명동에 있는 낚시터를 찾았다. 이맘때의 별미인 도다리를 잡기 위해서다. 그 동네 낚시점에서는 '뗏마'라고 하는 작은 전마선을 빌려준다.

우리는 2명이 타면 여유 공간이 없는 거룻배를 타고 가까운 바다로 노를 저어 나갔다. 물색이 제법 검푸른 곳에 밧줄로 묶은 큰 돌을 닻 삼아 내려놓고 낚시를 시작했다. 바늘이 여러 개 달린 낚싯줄을 바닥까지 늘어뜨려서 고패질을 하면, 한 번에 두 마리씩 꼭 깻잎처럼 자그만 도다리가 낚여 올라왔다. 그러나 통통배가 거센 파도를 일으키고 지나가면, 뗏마는 대자연의 일렁거림에 한낱 일엽편주가 되었다. 망망대해에서 고기에게 속절없이 끌려다니는 소설 속의 조각배처럼.

연관된 또 다른 이야기. 동생과 나는 휴일을 맞아 가덕도에서 겨울철 별미 학꽁치를 잡고 있었다. 여기의 학꽁치는 다른 곳에서 잡히는 씨알보다 월등히 크고 굵다. 다른 곳은 볼펜 정도의 크기라면 여기는 거의 형광등급이다. 대여섯 마리만 잡으면 회에다 전까지 부쳐서 두 사람 술안주로는 차고 넘친다.

갑자기 주위가 소란하다. 학꽁치가 떼로 몰려왔는지 여기저기서 손들이 바쁘다. 내 낚싯대에도 어김없이 입질이 왔다. 고등어처럼 시원스럽게 찌를 가져간다. 살짝 당기듯 챔질하고 릴을 감으니 하얀 은백색의 몸통이 물 위를 미끄러지듯 딸려온다. 늘씬한 몸매에 주둥이가 학의 입처럼 길쭉하고 뾰족하다. 덩치는 자그맣지만 눈매까지 비슷해서 풍기는 이미지는 소설 속의 청새치를 닮았다. 똥그랗게 가련한 눈을 하고 긴 창 모양의 턱을 가진 **청. 새. 치!!!**

멕시코 만류에서 조각배를 타고 고기잡이를 하는 늙은 어부 산티아고는 84일째 고기를 잡지 못한다. 다섯 살부터 그를 따르던 소년 마놀린도 부모의 만류로 '가장 운이 없는 사람'으로 낙인찍힌 노인을 떠나 다른 배를 탄지 오래다. 85일째 되는 날 새벽, 노인은 혼자 먼바다로 배를 저어 나간다.

한낮의 태양이 이글거리고 노를 젓는 등골에서 땀이 흘러내리던 그때, 드리워 놓은 낚싯줄에서 평생 경험하지 못한 크고 힘센 고기의 입질을 받게 된다. 이때부터 거의 이틀간을 배와 함께 청새치에게 끌려다니며 생과 사를 넘나드는 고투를 벌인다.

바다로 나온 지 사흘째 되는 날. 의식이 몽롱할 정도로 심한 고통을 감내하며 청새치의 육중한 단말마적 몸부림과 맞선다. 마침내 고기를 배 옆으로 끌어들여서 가슴지느러미 뒤쪽 옆구리에 혼신의 힘을 다해 작살을 꽂았다. 그러나 워낙 큰 고기라 배에 실을 수가 없다. 결국 뱃전에 묶어서 돌아오다 피 냄새를 맡고 찾아온 상어의 공격으로 앙상한 고기의 뼈만 남은 채 항구로 돌아온다.

≪노인과 바다≫는 미국의 소설가 어니스트 헤밍웨이가 쓴 중편 소설이다. 작가는 말년에 건강이 악화되면서 우울증, 알코올 중독증에 시달리다가 1961년 만 62세의 일기로 미국 아이다호 케첨의 자택에서 엽총의 방아쇠를 당겨 스스로 생을 마감했다. 많은 독자에게 용기와 희망을 준 노벨 문학상 수상 작가가 정작 자신과의 싸움에서는 승리를 거두지

못하였으니, 묘한 상실감을 준다.

이 소설을 옮긴이는 작품 해설에서 "길이가 무려 5.5미터나 되며 산티아고가 타고 있는 어선보다 60센티미터도 넘게 긴 이 청새치는 노령이나 노쇠를 뜻한다."고 하고 있다. 그래서 "산티아고가 죽음을 무릅쓰고 거대한 청새치를 잡아 올리는 행위는 곧 자신에게 닥쳐 온 늙음을 물리치려는 상징적 행위로 보아 크게 틀리지 않는다."고 하고 있다.(민음사)

아마추어적인 시각을 가진 나는 견해를 달리한다. 책의 겉표지를 장식한 작가의 이미지가 산티아고 노인과 겹쳐져서 전기적 소설이라고 지레짐작하였기 때문일지도 모른다. 표지의 얼굴은 하얗고 덥수룩한 수염과 깊게 주름진 이마, 이글거리는 눈빛 등, 도저히 늙음을 두려워한 노인네로 보이지 않는다. 오래전 링컨이 말했던 "마흔이 넘으면 자기 얼굴에 책임을 져야 한다."는 의미와 일맥상통한 얼굴이 아닌가. 늙음을 멋지게 받아들여야 나올 수 있는 면목이다.

나는 오히려 청새치와 사투를 벌이던 중 소년과 함께하지 못한 점을 아쉬워하며 내뱉는 독백, "늙어서는 어느 누구도 혼자 있어서는 안 돼." 하는 헤밍웨이의 간접화법에 주목한다. 작가는 이 소설을 출간한 1952년에 이미 야성이 강하고 독립적이며 남에게 아쉬운 소리 하지 않는, 자신의 닮은꼴인 산티아고를 통해 외로움을 호소하고 있었던 것이다. 요즘같이 코로나로 죽음의 그림자가 드리워진 날이 계속된다면 노인들은 헤밍웨이 부류의 고독감에 시달릴 가능성이 아주 농후하다. 그래서 집에만 있지 말고 근교의 낚시터에 들러 고기잡이 하는 강태공들의 활기찬 모습을 지켜보라고 권하고 싶다. 그것만큼 우울증을 날리는 데 특효약은 없을 테니까.

이참에 아내와 아들이 싫어하는 탓에 끊었던 낚시를 재개해야겠다는 생각이 든다. 탁 트인 바다와 점점이 떠있는 배, 저 멀리 하늘과 맞닿은 수평선과 교감하다 보면 꽉 막힌 가슴이 시원스레 뚫릴 것 같아서다. 아무튼 이 책은 내 삶의 활력소이자 훌륭한 백신이다.

제3부

# 도롱뇽의 승천

# 출생의 비밀

'짚신도 짝이 있다는데, 너는….'

생략된 말은 '뭐 하고 처자빠져 있나'이다. 이것은 장가를 안 가고 혼자 살겠다는 아들놈에게 화가 나서 소리친다면 그렇게 말했을 것이라는 속내다.

그러면 아들놈은 지금이 어느 땐데 짚신 타령이냐고 툴툴댈 게 분명하다.

웃자고 하는 말이지만, 결혼할 당사자가 의욕이 없으면

아무리 금언과 같은 속담이라도 군말일 수밖에 없다는 뜻이다.

그렇다면 의욕만 있으면 천생연분天生緣分은 나타나는가?

나는 집안의 피치 못할 사정으로 서른 살 꽉 찬 나이에, 군대를 갓 제대한 동생과 둘이서 방 한 칸 세를 얻어 자취를 하고 있었다.

하루는 주인집 뜰 앞으로 빨래를 널러 가는데, 때마침 마당에 나와 있던 안주인이 조심스럽게 말을 걸어왔다.

"스물다섯 먹은 조카가 하나 있는데 선을 한 번 보지 않을래요?"

나는 세입자의 입장에다, 거절하면 앞으로 보기가 민망할 것 같아서 마지못해 승낙을 했다.

그렇게 해서 급작스럽게 근처 다방에서 선을 보게 되었다. 선을 본 것으로 따지면 세 번째에 해당한다. 두 번째까지의 기억이 좋지 않아 별 기대도 없이 어두운 다방에서 목을 움츠리고 앉아 있었다. 그때 웬 훤칠한 아가씨가 문을 쑥 열고 들어서며 주변을 두리번거린다. 갑자기 주위가 확 밝아 보인다. 이것은 전혀 예상치 못한 일생일대의 횡재수다.

우리는 그렇게 처음 만나 정확히 한 달 보름 만에 식을 올렸다. 결혼식 날이 12월 24일이니, 양력으로는 서른한 살이 되기 바로 직전이었다. 요즘과 달리 그 시절로서는 정말 꽉 찬 나이에 장가를 간 셈이었다.

그리고 바로 이듬해에 아들의 아버지가 되었다.

아들은 어디에 데리고 나가면 "그놈 잘 생겼다."는 소리를 들은 적이 없다. 대신 "그놈 참 튼튼하게 생겼다."는 말은 자주 들었다. 좀 서운하긴 해도 내 눈에는 그렇게 잘 생겨 보일 수가 없었다. 고슴도치도 제 새끼는 함함하다지 않던가.

어쨌든 6남매로 여덟 식구가 힘들게 살았던 기억과 학교 다닐 때 공납금을 제때 내지 못해 엄청난 고통을 겪었던 일 때문에, 워낙 박봉인 사정을 감안하여 자식은 더 낳지 않겠다고 굳게 다짐하고 있었다. 심지어 나보다 먼저 장가간 막냇동생도 아들 하나만 낳고 그만뒀을 정도였다. 이것은 보릿고개란 말을 듣고 자란 세대의 공통된 자식 농법인 지도 모른다.

결혼한 지 이태 만에 인근의 2층, 방 두 칸짜리 전세로 이사를 가게 되었다. 그런데 출근할 때면 아내에게 신신당부하는 말이 하나 있었다. 세 살짜리 아들이 2층 난간에 절대로 올라가지 못하게 하라는 것이었다.

그만큼 애가 별나기도 하고, 어른 허리 높이쯤 오는 2층 난간에서 1층 콘크리트 바닥에 떨어지면, 아파트 3층 이상의 아찔한 높이여서 사망 아니면 중상일 게 틀림없을 터였다. 그리고 아들이 난간 하단에 있는 발판에 올라서서 주인집 개를 내려다보고 손을 흔들다가 나한테 크게 혼난 적도 있었다.

그날 사건의 정황은 이랬다.

집안 사정으로 아버지와 어머니는 막냇동생 집에서 지냈다. 그런데 어머니가 심장비대증으로 제대로 눕지를 못해 아버지까지 덩달아 밤에 한숨도 주무시지 못하는 고통을 겪고 있었다. 그래서 의논 끝에 방에 여유가 있는 내가 당분간 모시기로 한 것이다.

"아버지 오시거든 맛있는 것 좀 해드리지."

그날은 특별히 당부를 하나 더 하고 출근을 하였다.

오전에 1층 자료실에서 한참 일을 하고 있는 데, 집에서 전화가 왔다고 나를 찾는다. 순간 불길한 예감이 확 엄습해

왔다. 떨리는 손으로 전화를 받으니 아내의 울먹이는 소리가 수화기 너머에서 들려왔다.

"지현이가 2층에서 떨어져서 지금 대학병원 응급실에 있어요."

눈앞이 캄캄하고 정신이 아득했다.

급히 택시를 잡아타고 인근에 있는 대학병원으로 달려갔다. 그런데 신호등은 왜 그리 많고, 평소 15분이면 가던 거리가 왜 그리도 먼 지.

가는 동안 속으로 자문을 해봤다.

'내가 아들이 죽을 만큼 큰 죄를 지은 적이 있는가?'

아무리 생각해도 그런 기억이 없다.

그렇다면 절대로 죽지 않는다는 자신감이 우러난다. 그래도 아들 대신 내가 다쳤으면 하는 생각이 드는 건 어쩔 수 없었다. 아니 이런 일 자체가 꿈이었으면 하는 안타까움에 속을 끓였다.

그렇게 오만 생각을 다하며 대학병원 응급실로 들어서니, 입구에 아버지가 넋을 놓고 앉아 있다. 나를 보더니 미안해서 어쩔 줄 몰라 한다.

"아버지, 자식은 또 낳으면 되니까 걱정하지 마시고 집에 가 계세요."

돌이켜 보면, 이 말이 서슴없이 나올 수 있을 정도로 침착함을 잃지 않았다는 사실에 나 스스로도 놀랍다. 아마 차를 타고 가는 내내, '내가 정신을 단단히 차려야 내 자식이 살 수 있다.' 하고 계속 최면을 건 효과 때문이리라.

응급실에는 그렇게 똘똘하고 활달한 아들이 눈을 감고 축 늘어져 있었다. 머리를 만져보니 쑥 들어가기만 하고 뼈가 만져지지를 않는다. 나중에 차분히 생각하니 머리가 한없이 부어서 그런 거였는데, 나는 머리뼈가 산산조각이 나서 그런 줄 알았다.

먼저 와 있던 작은 형수가 울음을 터뜨린다.

"데럼, 입으로 피가 올라오면 죽는다는 데 우짜노?"

순간 침착함을 잃지 않으려고 애쓰던 마음이 급격히 흔들렸다.

아들이 머리 사진을 찍기 위해 MRI 기계에 눕혀졌다. 그런데 거기에 있는 수련의 세 명이, 속이 시커멓게 타들어가는 부모 마음은 아랑곳없이 웃고 장난을 치며 기계를 작동

시킨다. 순간 속에서 '욱' 하고 분노가 치밀어 올랐다.

그날 아내는 아버지를 모시고 온, 손아래 동서 둘과 근처 시장에 장을 보러 갔었다. 집에만 갇혀 지내던 아들은 같이 온 또래 사촌들과 노느라 신이 나서 제정신이 아니었다. 급기야 장난감 칼을 가지고 난간 턱에 올라서는, 내가 그렇게나 말리던 행동을 저지르고 말았다. 허공을 휘두르던 칼이 손에서 미끄러져 1층으로 떨어지고 있었고, 급히 손을 뻗어 잡으려다가 몸이 앞으로 확 쏠리면서 1층 콘크리트 바닥에 머리부터 순식간에 떨어지고 만 것이다.

작은 체구의 아버지가 축 늘어진 손자를 안고 인근 병원에 갔으나, 큰 병원으로 가라는 말을 듣고 부랴부랴 대학병원으로 옮겨 온 것이다. 덩치가 보통보다 큰 손자를 안고 살려보겠다고 안간힘을 다해 냅다 뛰시다가 그만 속옷에 실수를 했다고 한다.

머리뼈가 엉망이 되었다고 생각한 나는 의사들의 행태도 마음이 들지 않아, 머리 수술을 잘 한다고 소문이 난 인근 병원으로 연줄을 동원해 옮겨 가게 되었다.

온갖 검사가 다시 이루어졌다.

"워낙 튼튼한 아이니까 잘 견뎌낼 겁니다."

부리나케 쫓아온 막내 처남이 진심을 담아 위로한다. 지푸라기라도 잡고 싶은 심정에 정말 큰 힘이 되는 말이었다.

하루가 지나고 나니 머리 뒤쪽에 충격을 받았는데도, 얼굴 앞 쪽의 눈두덩이 주위가 시퍼렇게 멍이 올라왔다.

다행히 아들은 머리에 칼을 대지 않고 빠르게 회복되어 갔다. 그 과정에서 무슨 약을 처방했는지, 근처에서 뽀스락 소리만 나도 과자 봉지인 줄 알고 먹을 것을 찾는 후유증이 남게 되었다. 걸신처럼 먹어대니 몸이 빵처럼 부풀어 올랐다.

이렇게 큰일을 겪고 나니, 자식 하나로는 나중에 제삿밥도 못 얻어먹겠다는 생각이 들었다. 그래서 부랴부랴 가족계획을 변경하여 정성을 다해 만든 아기가 세 살 터울의 우리 딸내미다.

"공주님입니다. 축하합니다."

고백하지만, 출생 당일 간호사의 말에 남아 선호 사상이 깊이 밴 집안 내력으로, 좀 서운한 마음이 들었던 것은 사실이다.

"자나 깨나 딸 조심!"이라는 말처럼, 키울 때도 딸이 되다

보니 아들보다 이것저것 신경 쓸 일들이 정말 많았다. 그래서 아들 둘을 키우는 바로 밑에 동생이 부러웠던 적도 있었다.

그런데 시대가 이렇게 변할 줄 누가 알았겠는가? 원시시대로 회귀하듯 모계 중심사회로 변해 가고, 우리 부부도 노후 걱정을 하는 나이가 되다 보니 아들보다 딸이 훨씬 낫다는 말이 사실로 확인되고 있는 것이다.

아들은 속마음은 모르겠지만 무뚝뚝하고 잔정이 없는 반면에, 세심하고 싹싹한 딸내미는 우리뿐만 아니라 시댁 어른에게도 잘 한다는 소식이 심심찮게 들려온다. 생각하면 할수록 딸 낳기를 잘 했다는 생각이 든다. 부럽기만 했던 아들만 둘 가진 동생과 큰처남, 그리고 아들 하나만 낳은 막냇동생을 생각하면, 내가 바로 승자라는 생각에 흐뭇한 미소까지 지어진다.

특히 장모님이 오랜 기간 노환으로 고생하실 때, 딸인 아내가 자기 엄마에게 지극정성인 걸 보면서, 아들만 있었으면 어쩔 뻔했냐고 서늘해진 가슴을 쓸어내리기까지 했다.

되돌아보면, 자식을 키우면서 가장 가슴 아팠던 일이 아들을 2층에서 떨어뜨린 게 아닌가 싶다. 철없는 어린 것을 위험한 환경에 놓이게 한 무능함에 스스로도 울화가 치민다. 여하튼 소중한 딸내미가 태어난 것은 살신성인殺身成仁의 투혼을 발휘한 아들 덕분이다. 그래서 하는 말인데, “아들, 미안하고 사랑한다.”

# 도롱뇽의 승천

인터넷으로 도롱뇽을 찾아본다. 불현듯 애들과의 옛날 일이 생각나서다. 설핏 풍기는 이미지가 한국의 애니메이션 영화 〈아기공룡 둘리〉에 나오는 주인공을 많이 닮았다. 도롱뇽도 둥근 머리와 돌출된 똥그란 눈만 놓고 보면, 둘리처럼 깜찍하면서도 장난기 가득한 악동으로 보이지 않는가.

나는 주말이면 집 뒤에 있는 구덕산 기상관측소까지 산행을 즐겨 한다. 내 고향 동네가 내려다보이는 산마루에 서면, 어릴 때 살던 집 마당에서 머리에 수건을 덮어쓰고 분주히 움직이던 어머니의 모습이 아련하게 떠오른다. 어머니가 떠난 지도 벌써 28년째로 접어들었다.

"선경아! 어이구, 여기가 어디지?"

어머니는 한밤중에 갑자기 비명과 같은 다급한 목소리로 나를 찾았다.

"어머니, 저희 집입니다. 저 여기 있습니다. 진정하세요."

그리고 출근한 지 얼마 되지 않아 아내로부터 어머니가 돌아가셨다는 소식을 전해 들었다. 똥 기저귀 갈아 끼우며 키운 자식들이 여섯이나 되건만 마지막 임종 때는 아무도 어머니의 손을 잡아드리지 못했다.

어머니는 중병을 달고 살았다. 그중에서도 심장비대증이 제일 심각한 지병으로 제대로 눕지를 못했다. 한 방에 같이 있기가 고통스럽다는 아버지의 하소연을 견디다 못해 어머니는 우리 집에 와서 지냈다. 그런 아버지도 외로움에 1년을 못 버티고 결국 어머니 곁으로 떠났다.

형제들이 한식 일이 낀 주말에 시골에 있는 부모님 산소에 들렀을 때다. 초등학생 아들이 산소 근방 논두렁에서 희뿌옇고 순대처럼 생긴 젤리 형태의 도롱뇽 알을 주워서 나에게 가져왔다. 호기심 가득한 눈빛으로 집에서 키우고 싶다고 애원하는 데는 거절할 방법이 없었다. 이미 부화되고 다 빠져나간 허물 덩어리를 가져와서 그런지 수족관에 넣어둔 알에서 딱 한 마리만 깨어났다. 얼마 후 다리가 나고 곧바로 우리 집의 귀염둥이 '도롱이'가 되었다.

휴일을 맞아 세 들어 살고 있는 집 계단에서 화분을 손보고 있을 때였다. 초등학교 1학년생인 딸내미가 동네 아이들에게 자랑하려고 생기발랄한 도롱이를 바깥나들이 시켰다. 잠시 불안한 마음이 들었지만 원주인인 아들이 근처에 있어 그냥 지켜보는 쪽을 택했다. 딸내미는 아이들에 둘러싸여 손바닥 위에서 한참을 어르다가, 아차! 하는 사이에 도롱이를 한여름 펄펄 끓는 아스팔트 위에 내려놓고 말았다.

갈색의 매끄럽고 얇은 피부를 가진 도롱이는 필사적이었다. 한 쪽 다리를 들고, 또 두 다리를 동시에 들다가, 나중에는 네 다리를 재빨리 움직이며, 꼭 〈동물의 왕국〉에 나오는 목도리도마뱀처럼 쏜살같이 내달렸다. 그때야 사태의 심각성을 깨달은 아들이 긴급 구조에 나섰으나 이미 온몸에 입은 화상으로 빈사상태에 빠지고 말았다. 다시 수족관에 넣고 회생을 위해 온갖 정성을 다했으나 도롱이는 끝내 유명을 달리하였다. 장례 처리는 온전히 나의 몫이었다. 화장지에 곱게 싸서 현재 내가 사는 아파트 뒷산에 묻어줬었다.

그런데 왜 도롱뇽을 공룡처럼 '룡'이라 하지 않고 '뇽'으로 칭할까? 나름대로의 생각 한 자락. 그것은 아무리 유생 시절이라고 해도 '개천에서 용 난다'는 속설에 걸맞으려면, 자그만 산개구리 따위에게 잡아먹혀서는 안 된다는 것이다.

또한 표준 발음법 제19항에는 받침 'ㅁ, ㅇ' 뒤에 연결되는 'ㄹ'은 [ㄴ]으로 발음한다는 규정이 있다. 도롱뇽을 '도롱룡'이라고 써도 음의 동화 현상에 의해 '도롱뇽'이라고 발음할 수밖에 없다. 그래서 앞에서 언급한 것처럼 '룡'이라고 부르기에는 뭔가 미심쩍은 데가 있어, 공룡과 달리 소리 나는 대로 도롱뇽이라고 이름을 명명한 것이 아닌가 생각한다. 도롱뇽이 옛말 '되룡(16c)'에서 되롱, 되룡룡龍(18c), 도롱룡을 거쳐 도롱뇽(20c)으로 변해 왔으니 전혀 생뚱맞은 이야기는 아니다. 18세기에 잠시 '룡龍'으로 대접받은 사실을 놓친 것 외에는.

한편, 그리스어 사우루스Saurus는 '도마뱀'을 뜻한다. 둘리가 속한 '케라토사우루스'는 코에 잎사귀 같은 뿔이 달려 있고, 눈 위에 작은 두 개의 뿔이 돋아 있어 '뿔 있는 도마뱀'이라는 뜻을 지녔단다. 도마뱀과 비슷하게 생긴 도롱뇽도 족보를 따져 보면, 한낱 미물이 아니라 공룡의 먼 사돈에 팔촌쯤은 되고도 남으리라.

평소와 같이 주말 산행을 하던 어느 날. 코스를 달리하여 다른 방향으로 난 길을 택했다. 길 중간쯤에 이르니 습지 비슷하게 질척거리는 평지가 나타나고, 정상으로 올라가는 길 초입에는 조그맣고 얕은 웅덩이가 하나 있었다. 웅덩이에는 개구리 알인지, 도롱뇽 알인지를 가늠하기 어려운 알주머니가 여러 개, 떨어진 낙엽과 함께 담겨 있었다. 참 희한한 일이라고 생각하면서도 다음을 기약하였다.

그러고 또 수 주일이 흘렀다. 낙엽 밑을 보니 꼭 올챙이 같은 도롱뇽 유생들이 수없이 꼬물거리고 있었다. 이후, 수시로 거기를 들락거렸다. 결론부터 말하면, 그렇게 다녔어도 성장한 도롱뇽은 한 마리도 만날 수가 없었다.

그나마 몇 해간 지속되던 성장기 탐구는 난데없는 훼방꾼이 나타나 일단락되고 말았다. 근자에 그 습지가 온통 진흙밭이 된 것이다. 멧돼지가 진흙 목욕을 했는지 뒤집어져 있고, 옹달샘 같은 웅덩이는 흔적도 없이 사라졌다. 진즉에 유생 한 마리를 잡아 와서 수족관에 넣고 길렀으면, 딸내미가 속죄할 기회를 가졌을 텐데 하는 아쉬움이 남는다.

이제야 고백하지만, 나는 그 '도롱이'에게 남다른 마음을 가졌었다. 어머니 산소 근방에서 가져온 것이라, 꼭 어머니가 환생하여 우리 집에 온 것이라는 말도 안 되는 믿음 같은 것. 그래서 도롱이의 죽음을 룡龍이었던 본색本色을 찾아서 하늘나라로 날아간 것이라고 생각한 것이다. 임종을 지키지 못한 불효자의 애달픈 마음을 담아 훨훨.

# 아빠의 눈물

## 1

"남자가 흘리지 말아야 할 것은…."

공중화장실 입식 변기 위에 붙은 이런 문구를 보고 엉겁결에 앞으로 다가선 일이 있다.

그런데 남자는 태어날 때와 부모님 돌아가셨을 때, 나라에 큰일이 났을 때, 딱 세 번만 울어야 한다는데 나는 요즘 들어서 부쩍 눈물이 잦다.

주말드라마, 영화, 책 등 장르를 가리지 않고 눈물샘에 조금만 자극이 가해져도 걷잡을 수 없이 눈물이 왈칵 쏟아진다. 나이가 들면 살아온 경험에 의해 공감 능력은 높아지고, 뇌의 억제하는 능력은 약해져서 빚어지는 현상이라지만 민망스러울 때가 많다.

"김 과장, 요번 건강검진에는 위와 대장내시경 검사를 같이 한번 해보지 않을래?"

오랫동안 공직 생활을 함께 해 온 지청장이 건강검진을 같이 받고 싶어 한다.

사실 요즘 건강 상태가 스스로도 믿음이 가지 않는다.

얼마 전 서울서 찾아온 친구와 태종대공원을 한 바퀴 돌다가 전망대 2층 계단을 올라가는데, 식은땀이 비 오듯 하고 허리가 끊어질 듯이 아팠던 적이 있다. 또 변이 가늘고 피가 한 번씩 묻어 나오고 있어 치질로 고생 중이긴 해도 좀 수상쩍다는 생각을 하고 있었다.

그래도 평소 동료들이 기본 검사만 하듯이 돈을 더 들여서 내시경 검사를 해야겠다는 생각은 미처 하지 못하고 있었다. 특히나 대장 내시경은 여러 가지 사전 준비할 것도 있고, 정작 암이라고 하면 주눅이 들어서 더 빨리 퍼지지나 않을까 걱정도 되었다.

어차피 병이 나서 죽을 것 같으면 모르고 편하게 살다가 한순간에 죽는 게 낫다는 생각을 하고 있었다. 그런데 건강검진을 같이 하자고 하니까 반갑기도 하고 고마운 마음까지 들었다.

이런저런 안면이 있는 병원을 예약하고 검진을 받으러 갔다. 지청장이 앞에서 검사를 받고 내가 뒤따라 진행하는 방식이다. 드디어 수면으로 위부터 내시경을 시작한다. 그리고 한참 후…. 몸은 꼼짝을 못 하는데 의식은 깨어나서 사람들 목소리가 또렷이 들린다.

"이거 용종이 엄청 커서 제거술을 하다가 급하면 개복을 해야 할지도 모릅니다. 그래서 보호자의 동의를 받아야 하는데 어떻게 하시겠습니까?"

"가족은 불렀는데 급하다면 제가 동의를 하지요."

뒤에 들리는 투박한 말투는 분명히 지청장의 목소리다.

그렇게 해서 시술을 하는 모양인데, 또 의사의 다급한 목소리가 들린다.

“야, 이거 대장암 초기처럼 보이는데….”

“엄청 커서 잘라내다가 창자에 구멍이 나서 집게로 집어야겠네.”

꿈결처럼 들리는 소리에도 상황이 좀 심각해 보인다. 그런데 마취 상태라서 그런지 걱정보다는 오히려 마음의 준비가 된 것처럼 편안해진다.

회복실에서 바로 입원실로 옮겨진다. 지청장도 위에 조그만 혹을 제거하고 입원실에서 하루를 지내다가 퇴원했다. 결국 둘 다 몸에 이상을 느꼈으나 혼자서는 엄두를 내지 못하고, 군중 심리에 편승해 검진을 받은 것이다.

부산서 아내가 급히 올라왔다. 1주일에 한 번씩 보다가 이런 일로 같이 있게 되니 미안한 마음이 앞선다.

아내가 미는 휠체어를 타고 이곳저곳을 옮겨 다니며 여러 가지 검사가 계속되었다. 휠체어에 붙은 링거 걸이에는 링거액이 삶의 훈장처럼 주렁주렁 매달려 있다. 병원 내에 휠체어를 탄 환자가 제법 보이지만 링거 달린 숫자만 놓고 보면 내 계급이 상당히 높다.

의사 말로는 며칠 후, 큰 것 제거한다고 손을 못 댄 작은 용종 몇 개를 더 떼어내야 한단다. 앞에 제거한 용종은 조직 검사 중이며 눈으로 보기에는 악성은 아닌 것 같다고 안심을 시킨다. 그리고 구멍이 난 창자를 집어 놓은 집게 몇 개는 조금 있으면 변에 섞여 나온단다.

마취제의 영향으로 머리가 안개 낀 듯이 흐릿하더니, 이제야 조금씩 정신이 맑아지고 있다.

주말에 아들과 딸이 문병을 왔다. 큰놈은 이런저런 일로 입학이 늦었고, 딸내미는 한 번에 붙어서 둘 다 대학생이다.

옆에서 재잘거리는 걸 보다가 병원에 오래 있게 하는 게 안쓰러워서 등을 떠밀어 부산으로 보냈다. 그리고 채 5분도 지나지 않았는데, 눈물이 갑자기 폭포수처럼 쏟아진다. "끄윽 꺽" 소리도 절로 난다.

"지현이 아빠, 왜 울어요? 애들이 보고 싶어서 그래요? 그럼 다시 부를까요?"

간호사가 링거를 갈러 왔는데, 창피하게도 눈물이 멈추지를 않는다.

아직 뒷바라지를 많이 해야 할 애들에 대한 걱정인지, 죽다가 살아난 데 대한 안도의 눈물인지 알 수가 없다.

## 2

오랜 공직생활을 대과 없이 나름 명예롭게 마감했다. 퇴직금과 적금 들었던 것 이런저런 돈에, 융자 받은 자녀 학자금과 상환 완료 직전의 아파트 대출금 잔액까지 싹 다 갚고 나니, 빚 없이 칠천만 원 정도가 수중에 남는다. 물론 선배들 이야기를 듣고 얼마 되지 않은 돈은 비자금으로 다른 주머니를 찼다. 아내도 알면서 모른 체하는 것 같았다.

서른 살 아들과 스물일곱 살 딸내미를 불러 가족회의를 했다. 다행히 둘 다 취업이 되어서 제 앞가림 하는 데는 지장이 없다.

"얘들아, 내가 가진 재산은 빚 없이 이 집 24평 아파트와 퇴직금으로 받은 칠천만 원이 전부다. 그래서 너희들에게 각각 이천만 원씩, 엄마도 고생을 했으니 천오백만 원, 아빠도 천오백만 원 이렇게 나눌 테니까 더 이상 바라지 마라."

"그리고 아들은 서른세 살까지, 딸내미는 서른 살까지만 같이 있고, 그 이후에는 결혼을 하든지 집을 얻어서 나가든지 알아서들 해라!"

나는 자식들에게 큰일이 닥치면 이 돈을 마중물 삼아 슬기롭게 헤쳐나가리라 믿고 강행했지만, 아내는 생각이 달랐다. 애들이 결혼을 하면 얼마간 돈을 보태야 하는데, 지금 미리 주면 나중에 줄 돈이 없어서 입장이 곤란해지니까 그때 주라고 말리던 일이었다. 퇴직과 동시에 이루어진 일이라 나의 이런 객기가 먹혀든 것이다. 목에 힘이 빠지자 이 일로 구박을 많이 받았다.

그로부터 꼭 3년이 흐른 올해 초.

딸내미는 서른 살이 되자마자 거짓말같이 내가 준 이천만 원에 한 푼도 더 보탬이 없이 결혼을 했다. 그것도 33평짜리 아파트에 떡하니 신혼집을 꾸린 것이다. 아빠로서 한 일이라고는 축의금에서 딸 명의로 들어온 건 한 푼도 손을 대지 않고 딸 몫으로 챙겨 준 것뿐이다.

"딸이 아빠 사정을 잘 알고 준비를 철저히 한 효녀다."

이렇게 지인들에게 자랑도 많이 하고 다녔다.

그러고 나니 이제 서른세 살 먹은 아들이 걱정이다. 아들은 애초에 결혼할 생각이 없어 혼자 살겠다고 선언한지 오래다.

아들은 우리 부부에게 시위라도 하듯 거실에서 같이 밥을 먹을 때도 텔레비전 예능프로그램 〈나 혼자 산다〉, 〈미운 우리 새끼〉 이런 프로만 찾아서 봤다. 언젠가는 광고 영상에서 카드로 뭔가를 산 남편이 아내에게 심하게 핍박받는 장면을 보고, "자기가 고생해서 벌은 돈도 마음대로 쓰지 못하니, 내가 저래서 장가 안 간다니까." 하며 혼자 사는 걸 정당화하기도 했다.

퇴직자 모임에 가니 각별한 동료가 신세 한탄을 한다.

"김 과장은 좋겠소, 그래도 딸이라도 하나 치워서. 우리 집에는 아들 두 놈이 다 장가를 안 간다고 하니, 이거 뭐 소처럼 고삐를 잡아 끌 수도 없고…."

"어디 보자. 이 과장은 큰 아들이 우리 아들보다 한 살 많으니 서른넷이네, 작은 아들이 동갑이고. 걱정이긴 하겠소. 하지만 우리 아들도 혼자 산다고 하니 아직 시름이 반 남았소이다."

이렇게 말로는 걱정을 하지만, 속내는 아직 시간이 있으니까 때가 되면 고삐를 바짝 당기려고 하고 있었다.

그렇게 느긋하게 생각하고 있던 아들에게서 갑자기 뒤통

수를 맞는 일이 벌어졌다. 아들이 연말이 다가오자 방을 얻어서 나가겠다고 전격 선언한 것이다. 내가 장가 안 가면 나가라고 한 말도 있고, 아들이 장가 안 가고 혼자 살겠다고 한 말도 있어서 방을 얻어 나가겠다는 데에는 말릴 재간이 없다.

아내는 아들이 집 나가면 끼니를 제때 못 챙겨 먹을까 봐, 또 딸도 없는데 아들까지 나가면 너무 허전할 것 같아, 은근히 같이 있었으면 하는 마음으로 눈치를 보고 있었다. 눈치 빠른 딸내미가 엄마 편을 들어서 말려도 요지부동이었다. 나는 한편으로는 이제 나가서 독립할 때도 됐다고 생각해서, 아내와 달리 내 보내기로 결심을 굳혀 가고 있었다.

그래도 아직 마음의 준비가 덜 되었는데, 휴일을 이용해서 회사 근처에 원룸 전세를 얻어 짐을 몇 번 실어 나르더니 요번 주 월요일에 출근하면서부터는 아예 집으로 돌아오지 않는다.

그리고 금요일인 오늘, 그동안 모인 우편물을 가지러 와서는 간다고 정식으로 인사를 하면서 집을 나선다.

"아들, 건강 조심하며 잘 살아라."

승강기 앞에 서서 무덤덤하게 작별을 하고 들어왔다.

그런데 거실에서 혼자 텔레비전 방송을 보다가 밤늦게 잠자리에 누우니, 눈물이 갑자기 걷잡을 수 없이 흐른다. 베갯머리가 흥건할 정도다.

딸이 시집을 가고 그 방이 비었을 때는, 허전하기는 해도 눈물까지 흘릴 정도는 아니었다. 오히려 방이 좁아 침대도 놓지 못한 환경에서 자라게 했던 게 늘 미안했는데, 큰 집으로 이사를 가서 침대를 놓고 산다니까 좋기만 했다. 그렇지만 아들이 독립한다는 데는 왜 이렇게 눈물이 날까?

서른에 장가들어 딱 1년 만에 큰 애를 봤다. 그런데 초보아빠가 되다 보니 자식을 어떻게 키우는 게 옳은 지를 전혀 알 도리가 없었다. 결국은 아버지로부터 직접 체험한 방식으로 애를 키울 수밖에 없었다. 그래서 회초리도 들고 무척이나 엄하게 키웠다. 그에 반해 세 살 터울인 딸은 스스로 깨친 덕분인지 아들에게 미안할 정도로 애지중지했다.

요즘에는 텔레비전 방송에서 아버지가 아이들을 돌보고, 같이 놀아주는 내용의 프로그램을 자주 접하게 된다. 그러면 '아, 저렇게도 아이를 키울 수 있구나!' 하며, 내가 아들한테 얼마나 큰 빚을 지고 있는지를 절실하게 깨닫는다.

그렇다고 해서 세월을 되돌릴 수는 없지 않은가. 만회할 방법이라곤 속죄하는 마음으로 손주에게 정을 듬뿍 주는 것인데, 이놈의 아들이 결혼을 안 한다고 하니 어떻게 할 방법이 없다.

그래서 안타까워서 이렇게 눈물을 흘리는 지도 모르겠다. 아니면 눈물병이 도져서 그런 것도 같고, 아내가 잔다고 몰랐기 망정이지 아무튼 좀 창피하다.

## 새로운 탄생

이 세상에서 공평한 것 하나를 들라면 '사람은 누구나 죽는다.'일 것이다. 아내는 이런 죽음 뒤에 또 다른 세상의 존재와 윤회의 믿음을 가졌다. 나는 종교는 없지만, 아내의 그런 초월적 사고를 존중한다.

한밤중에 요양병원에서 급한 연락이 왔다. 허둥대는 나와 달리 아내는 발걸음에 조금의 흐트러짐도 없다. 4년 전에 장인을 보내드리며 이미 한차례 겪은 일이라 저렇게 의연한 것이리라. 오늘따라 도로 위에 부서지는 달빛이 유난히 밝고 섬세하다.

병실로 들어서니 장모님의 피부색이 백지장처럼 하얘 달빛과 같은 은백색을 띠고 있다. 눈을 꼭 감은 채 고통스러운 얼굴로 숨을 쉬기 위해 안간힘을 다한다. 가래는 그렁거리며 숨길을 막아서고, 날숨은 한없이 크게 하여도 들숨의 폭이 좁고 간격이 너무나 짧다. 숨쉬기가 이렇게 고역일 줄은 꿈에도 상상이 가지 않던 장면이다.

숨결이 점점 더 거칠어질 무렵 큰처남이 도착했다. 큰처남은 선비 같았던 장인을 꼭 빼닮았다. 우리는 처남 매제 지간이지만 죽이 제대로 맞는 오랜 술친구이기도 하다. 장모님의 고통을 더 보고 있기가 힘들어서 잠시 밖으로 나와 끊으려던 담배를 하나 빼어 문다. 무심한 달은 회한悔恨에 젖은 한 남자의 달그림자를 콘크리트 바닥에 선명히 그려내고 있었다.

장모님과의 관계가 소원해진 것은 내가 처가살이를 시작한 때부터이다. 지청 계장급으로 승진과 동시에 울산으로 발령이 났다. 통근이 가능한 곳으로 전세방을 구하려고 아내와 같이 백방으로 발품을 팔고 다녔다.

그런데 지금 살고 있는 집 전세금으로는, 그쪽 지역에서 우리 네 식구가 거주할 방 2칸을 얻기에는 턱없이 부족했다. 겉보리 서 말만 있어도 처가살이를 하지 않는다는 속설과 달리, 꼼짝없이 처가에 얹히는 신세가 되고 말았다.

아내는 박봉의 살림에 보탬이 되고자 여자들만 여럿 일하는 인근의 김밥 공장에 다녔다. 처음에 나는 딸내미가 아직 어려 엄마 품이 필요하다는 이유를 대며 못하게 말렸다.

"김 서방, 젊은 사람이 집에서 놀면 뭐 하나. 애는 내가 봐줄 테니 돈 벌러 다니게 하게나."

재차 장모님이 설득을 해오자 마지못해 동의를 하였다.

장모님 입장에서는 고작 두 살 많은 당신의 큰아들이 진즉에 중형 아파트를 장만하여 살고 있는데, 귀한 고명딸을 데리고 간 사위란 놈은 전세방도 하나 제대로 구하지 못하는 주제에 이렇게 꽉 막힌 생각만 하고 있으니 한심하기 짝이 없을 터였다.

그런데 당직을 서며 집에 안부전화를 하면, 휴대전화가 보편화되지 않던 시절이라 장모님이 항상 전화를 받았고,

수화기 너머로는 딸내미가 엄마를 찾으며 칭얼대는 소리가 들려왔다.

언젠가 처갓집 2층에 세 들어 사는 김밥 공장의 젊은 사장이 안줏거리를 사들고 좁은 우리 방에 들른 적이 있었다. 아마 한집에 살면서 인사는 하고 지내는 것이 도리라고 생각했던 모양이다. 상을 차리는 아내에게 공장에서 하던 버릇대로 이것저것을 지시하는 모양이 꼭 이방의 주인처럼 행세했다.

처가살이의 자격지심과 사면초가처럼 된 주변 환경에 스스로를 옥죄었더니, 결국 어른들 계신 곳에서 아내와 싸우며 힘을 쓰는 못난 짓을 저지르고 말았다. 처가에서 추방당해 본가에서 지내는 신세가 되었고, 나중에는 큰형수가 사절단이 되어 처가를 방문한 끝에 가까스로 수습이 되었다.

내가 공직에서 은퇴할 무렵, 장모님은 하반신에 이상이 와서 침상에 누워서 지냈다. 장인어른도 병수발에 힘들어하다가 치매 초기 증세를 보이기 시작했다. 그래서 혼자 사는 막내아들을 포함해, 며느리 둘과 하나뿐인 딸 등 네 명이 돌아가면서 일주일씩 처갓집에서 병구완을 했다.

그렇게 시작된 수발이 요양원과 요양병원, 대학병원 등을 전전하며 근 7년간 계속되었다. 그간 장인은 별세를 했고, 장모님이 등에 업어 키우던 딸내미는 결혼을 한 지가 벌써 2년이 넘었다.

이런 일에는 아들, 며느리보다 딸이 더 고생한다는 세간의 말이 틀림이 없었다. 나도 아내의 긴 병수발이 안쓰러워 짐을 조금이라도 나누려고 애썼고, 장모님에게 나름 성심을 다했다.

다시 병실로 들어서니 숨쉬기의 괴로움이 한층 고조되어 있었다. 죽음 직전에는 숨도 마음대로 쉴 수 없다는 말이 사실로 확인되고 있었다. 이렇게 숨쉬기가 고통스러울 바에야 차라리 한시라도 빨리 숨을 거두는 편이 남은 자식들 마음이야 어떻든 당신에게는 오히려 복이 아닐까 하는 생각까지 들었다.

새벽녘에 아내가 흐느끼며 장모님 귀에 대고 가만히 마지막 작별 인사를 한다.

"엄마! 잘 가세요."

장인을 모셨던 절에서 49재를 지내기로 했다. 아내는 재를 올릴 때마다 좋은 곳으로 가시라고 혼신의 힘을 다해 절을 한다. 딸의 애틋한 마음이 법당 안에 가득히 차오른다. 저러다가 몸이 상하지나 않을까 모두가 염려스러워할 지경이다.

재를 올리던 어느 날, 또 다른 딸이 가족 대화방에 초음파 동영상을 올렸다.

"엄마, 아기가 집을 참 예쁘게 지었지?"

친지들은 장모님이 아기를 점지하고 떠난 것이라고 한다. 나도 묘한 생각이 들다가 불현듯, 장모님이 이맘때 유명을 달리한 것이 외손녀에게 온 신경을 써야 할 딸에 대한 크나큰 애정의 표현이 아닐까 하는 생각이 들었다. 순간 뜨거운 감정이 가슴속에서 울컥 북받쳐 올랐다.

'장모님, 저도 딸을 출가 시켜보니 그때 제가 얼마나 못난 짓을 했는지를 이제야 깊이 깨우치고 있습니다. 정말 죄송했습니다. 딸의 바람대로 모든 것을 내려놓으시고 부디 극락왕생하십시오.'

스님의 독경에 맞춰 두 손 모아 빌고 또 빌었다.

# 시간 여행

장모님이 오랜 병고 끝에 별세했다. 긴 병수발과 어머니를 여읜 슬픔에 심신이 지친 아내를 위로하고자, 시간을 쪼개어 동남아 여행을 떠나게 되었다. 베트남의 유네스코 세계 자연유산으로 등록된 하롱베이와 세계 7대 불가사의라고 일컫는 캄보디아의 앙코르 와트를 탐방하는 4박 6일간의 패키지여행이다.

여행에 합류한 인원은 20명이었다. 강원도 태백 소재 초등학교 동기생 모임에서 온 남녀 각 7명씩, 14명과 부산 사는 부부 세 쌍, 6명으로 원팀을 구성하여 여정을 함께 하게 되었다. 남녀 동기생들의 연령이 그 시절 호적 난맥상을 대변하듯 53년부터 56년생에 걸쳐 있었고, 부산 남자들의 나이가 절묘하게도 범주 안에 들었다. 부산 여자끼리도 62세 이쪽저쪽이라 팀 전체가 흉허물 없이 지낼 수 있는 여건이 잘 마련된 모양새다.

저가항공이란 명분으로 출발할 때부터 정해진 시간에서 2시간 가까이 지연되더니, 기류가 불안정한 곳에서는 마치 롤러코스터 같은 전율을 제공한다. 적당한 긴장감 속에서 4시간 30분을 날아 하노이에 도착했다. 특이하게도 공항 내에는 한국인 가이드가 들어올 수 없게 되어 있다. 이래저래 불편한 점이 많다. 오찬 후, 버스로 또 3시간 30분을 달려 하롱베이에 있는 호텔에 짐을 푸는 것으로 첫날의 긴 여정은 끝난다.

다음날 하롱베이를 접했다. 호수 같은 바다 위에 온갖 형상을 한 섬들이 우리를 포근하게 감싸 안으려는 형국이다. 이 세상 것 같지 않은 풍광에 우리는 이미 천상의 세계에 와 있는 듯, 신선처럼 고고한 표정들을 짓고 있었다. 그렇게 천혜의 선물에 마음을 맑게 하고, 몸에 쌓인 여독을 풀기 위해 깨끗한 건물 입구로 들어섰다. 대기하고 있던 남녀 마사지사가 냉큼 손을 낚아챘다. 여자는 어린 남자가, 남자는 여자 마사지사가 서비스를 제공하는데, 여기서 여행 내내 애용하는 말이 탄생하게 된다.

여자를 마사지하던 남자 마사지사가 근육이 뭉친 부위를 누르며 서툰 한국말로 "엄마, 좋아?" 하고 묻자, 여자 동기생이 으레 인사치레로 하는 "좋다"라는 말 대신에 정말 좋았던지 신음 비슷한 소리로 "으흐응, 정말 좋아!" 했던 모양이다. 이것이 남자 동기생들 귀에까지 들어가서, 빤하면 "○○야! 좋아? 그러면 1달러!" 하고 놀림의 말로 탈바꿈하였다.

여기서 '1달러'가 왜 놀림의 대명사가 되었는지를 소개하고자 한다. 무비자의 베트남과 달리 캄보디아는 하노이에서 비행기로 1시간 반을 날아 입국하면서 비자 신청서, 출입국 신청서, 세관신고서를 영어로 작성해서 제출해야 한다. 가이드가 공항 내에 들어와서 도움을 줄 수 없는 정황상 어려움이 발생할 수밖에 없는 구조였다.

줄이 길게 늘어서 있는 어수선한 분위기에서, 신고서의 잔글씨는 흐릿하게 보이고, 잘못 작성하면 옆에 세워둔다는 말도 들리고, 짐도 빨리 찾아야 하는 진퇴양난이란 이를 두고 하는 말일 것이다.

그런데 베트남에서 입수한 사전 정보로, 우리는 긴가민가하면서도 모두 여권에 1달러를 끼워서 신고서와 함께 제출하는 일사불란함을 선보였다. 그때 믿기지 않는 반전이 일어났다. 공무원이 이래도 되나 싶을 정도로 대기하고 있는 다른 나라 사람의 시선 따위는 아랑곳없이, 이때까지 진행해 온 지문 채취를 생략하고 순식간에 관문을 통과시키는 은혜를 시전한 것이다.

입국 후 만난 캄보디아에 있는 한국인 가이드의 말에 따르면, 우리 팀이 모두 통과하는데 1시간 40분이 소요되었음에도 다른 때 온 팀보다 30분 정도 일찍 나왔다고 한다. 그리고 이 나라의 공무원은 워낙 박봉이라서 급여만으로는 생계를 유지할 수 없는 절박한 처지에 놓여 있다고 한다. 모두들 우리의 70~80년대에 성행한 급행료의 행태와 똑같다고 씁쓰레한 표정이었다.

이렇게 과거 속으로 잠시 시간 여행을 떠나게 한 것은 이 패키지의 선택 품목인 모양이다.

다음날 보게 된 앙코르 와트의 웅장함은 이 사원을 두고 왜 세계 7대 불가사의라고 일컫는지를 새삼 깨닫게 하는 감동의 연속이었다. 앙코르 톰에서의 덜컹거리는 이동 수단의 불편과 푹푹 찌는 살인적인 찜통더위는 마치 인내심의 끝이 어딘지를 시험하는 것 같았다.

그래도 다들 묵언 수행하듯 묵묵히 전진한 것은 고색창연한 석조 건축물에 깃든 앙코르 왕조의 범아일여梵我一如의 염원이 알게 모르게 우리들 마음속으로 깊숙이 스며들고 있었기 때문이리라.

마지막 날은 캄보디아의 한 정치인이 저지른 만행의 현장과 맞닥뜨리게 되었다. 노동자와 농민의 천국으로 만들겠다는 명분 아래 지식인뿐만 아니라 그의 자녀들까지, 무려 전국민의 1/4에 해당하는 200만 명을 학살했다는 가이드의 말에 아예 말문을 잃어버렸다. 더구나 와트 마이 사원의 탑에 모셔놓은 희생자 유골의 대부분이 어린아이라는 말에는 솟구치는 분노를 주체할 수가 없었다.

다음 목적지인 동남아에서 가장 큰 담수호라는 톤레사프 호수의 사정도 암울하기는 매한가지였다. 물 위에 집을 짓고 사는 수상가옥 주민의 대부분이 베트남 전쟁 당시 승자의 반대편에 섰던 정치적 난민들이란다. 전기가 들어오지 않아 선풍기도 하나 돌릴 수 없는 열악한 환경 속에서, 뗏목처럼 생긴 엉성한 뜰 판위에 판자와 양철을 덧대어 집을 짓고 물고기를 잡아 생계를 이어간다는 말에는 국가가 얼마나 소중한 지를 새삼 깨닫게 하였다.

귀국 절차에는 캄보디아에서 하노이 공항을 경유하는 과정이 있었다. 공항 내에서 4시간을 대기해야 하는데, 비행기가 또 1시간 연착하여 무려 5시간을 공항에서 지냈다. 그 와중에도 부산의 세 여자들은 그새 정이 듬뿍 들었는지 수다가 끊이지를 않는다. 나는 아내의 즐거워하는 모습에 위안을 삼으며 저가 여행의 서글픔을 달랬다. 드디어 비행기의 고른 기관 소리를 들으니 마음에 더할 수 없는 행복이 밀려온다.

아내는 금세 깊은 잠 속으로 빠져든다. 여행을 떠나올 때와 달리 한결 편안해진 모습이다. 장모님을 보살피며 홀로 외로웠을 시간, 좀 더 잘해주지 못한 일들이 회한으로 남는다. 오늘 이 순간처럼 아내를 아끼는 마음으로 나머지 생을 살다 갔으면 하는 바람이다.

# 행복한 갈등

옷깃만 스쳐도 인연이라는데 딸은 어떤 인연으로 내게 왔을까.

과학적으로는 사람이 처음 수정될 때 조합되는 유전적 정보의 반은 어머니로부터, 반은 아버지로부터 온다고 한다. 사람은 짝을 이루는 46개의 염색체를 가지는데, 그중 한 쌍의 성 염색체가 성별을 결정한다고도 한다. 어쨌든 딸은 나와 아내의 유전적 특성 조합에, 아들이 흔한 우리 집안 내력을 거스르고 태어난 나의 분신이다.

딸내미가 예정일보다 20일 앞서 아기를 출산했다. 몸무게가 평균보다 훨씬 못 미치는 사내아이다. 아내는 부랴부랴 병원으로 달려가고, 나는 그 다음날 손자와 신생아실 유리창 너머로 대면했다. 정말 조그맣다. 사위는 눈도 겨우 뜨는 아기를 두고 병원 아기들 중에서 제일 잘 생겼다고 자랑한다.

산부인과에 딸린 산후조리원에서 유리창을 통해 한 번 더 대면을 했다. 처음 봤을 때와 별반 다름이 없다. 퇴원 후의 몸조리는 경찰 지구대에 근무하는 사위의 업무 특성을 감안하여 딸의 집에서 하기로 했다. 딸내미는 퇴원하면서 아내 편으로 백일 동안은 상가에 가지 말라고 당부를 해왔다. 나는 삼칠일까지만 안 가면 되는데 뜬금없이 왜 저러나 하고 가볍게 흘려들었다.

아내는 편도 한 시간 반 정도 거리를 오가며, 사위가 야간 근무에 들어가면 잠도 자면서 딸과 손자를 돌보기 시작했다.

딸도 수시로 손자의 온갖 표정을 동영상으로 촬영하여 가족 대화방에 올렸다. 돌때 하객들에게 보여줄 성장앨범을, 경비를 절약하기 위해 직접 만들고 있다고 한다. 덕분에 떨어져 있어도 곁에 있는 것처럼 손자를 맘껏 볼 수 있어서 좋았다.

이런저런 사정으로 미뤘던 손자와의 맞대면이 우리 집에서 60일 만에 전격적으로 이뤄졌다.

한 번 울면 감당이 안 된다는 정보를 미리 파악하고 있어서 바짝 긴장했는데, 이날따라 이상하게도 울지 않는다. 눈에 초점이 잡히기 시작했는지 온 사방을 두리번거리며 나를 뚫어지게 쳐다보기도 한다. 까만 눈망울은 깊이를 알 수 없을 정도로 신비롭다. 맨살의 다리를 통해 전해져 오는 체온은 나에게 말로 표현할 수 없는 감동을 선사한다.

그렇게 대면한 손자는 부모 품에 안겨 다시 보금자리로 돌아갔다. 그런데 생후 첫 장거리 여행으로 차멀미가 났는지 밤새 울고 난리가 났다고 한다. 딸내미가 얼마나 고생했는지 아파트 주민들 보기가 민망해서 밖에도 못 나갈 지경이란다. 손자가 나 때문에 아픈 것 같아 안타깝고 죄지은 마음이 들었다. 아내는 몸이 피곤해도 딸을 위해 더 부지런히 쫓아다녔다.

그렇게 손자가 집에 왔다간 지 꼭 1주일 만에 난처한 일이 발생했다. 매월 한 번씩 모이는 퇴직자 모임 회장의 자당께서 노환으로 별세한 것이다. 손자가 태어난 날로부터 따져서 삼칠일은 진작 넘었고, 백일은 모자란다. 가려니까 딸내미가 당부한 말이 생각나서 잠시 망설여진다. 그렇다고 문상을 안 가자니 내가 알고 있는 금기사항과 맞지 않다. 또 일전에 장모님 상을 치를 때 찾아준 데 대한 답례 성격도 있다.

이런 사정을 딸네 집에 가 있는 아내에게 문자로 보냈더니 문상을 하고 난 뒤 여러 곳을 들러 나쁜 기를 흩고 오는 등 몇 가지 방책을 일러 준다. 문상을 하고 왔더니 딸이 어떻게 알았는지 전화가 와서 난리가 났다.

그렇게 당부를 했는데도 상가에 가서 손자가 부정을 타게 되었다고 당분간 보지 말자고 한다. 이게 웬 날벼락인가.

바로 반박을 했다. 인터넷의 아기 출산 후 금기사항에는 삼칠일만 지나면 아무 문제가 없는 것으로 되어 있다고 했지만 막무가내였다.

밤새 제대로 잠을 자지 못했다. 밤잠을 설쳐가며 얻은 결론은, 이것은 민속 신앙을 바탕으로 한 미신迷信과 관련된 일이라 마음먹기에 달렸다는 것이다. 아기 때문에 마음이 약해진 딸과 달리 내가 심지心志를 단단히 해야만 해결될 문제라고 생각했다.

우선 금기사항의 원류인 옛날 사람들의 행태부터 탐구하기 시작했다. 용케도 일곱 살 터울의 막냇동생이 태어날 때를 기억해 냈다. 호기심 많은 누나와 나는 안방 창호지문을 뚫고 어머니가 동생을 낳던 장면을 훔쳐봤었다. 백열등 밑 방바닥에 신문지를 깔고 핏덩어리 아기의 탯줄을 끊던 장면, 대문 위에 새끼줄을 달아 고추, 숯, 솔가지 등을 끼워 놓았던 장면, 그 금줄을 오랫동안 걸어 놓지는 않았다는 사실이 뚜렷하게 떠올랐다. 이것을 증명이나 하듯, 국어사전에는 "세이레"를 "아이가 태어난 후 스무하루 동안. 또는 스무하루가 되는 날."이라 해놓고 "대개는 이날 금줄을 거둔다."라고 되어 있다.

여기에 인터넷에서 얻은 출산 후 금기사항에 대한 지식도 보태졌다. 옛사람들은 갓 태어난 아기와 산모가 외부 세계의 부정不淨에 매우 취약하다고 생각했다. 이에 대한 방비책으로 금줄을 걸어 외부인의 출입을 경계하고, 산모와 직접 접촉하는 내부인은 상가와 같이 사람이 많이 모인 곳에는 귀신이 붙어 온다는 명분으로 아예 출입을 금했다. 결국 금기사항은 산모와 아기에게 전염병을 옮기는 것을 미연에 방지하기 위한 조상의 슬기로운 지혜라고 하겠다.

과학이 발달한 현대에도 이런 풍습이 남아있게 된 데는, 새 생명의 탄생은 시대와 상관없이 누구나 신성시 여긴다는 데 기인한다. 출산의 '의료화'가 만연해졌음에도 금기사항만큼은 일부 반영하고 있는 것이다. 출산 후 산후조리원에서 거의 2주 정도 지내게 프로그램화하여 외부인과의 접촉을 원천 차단하는 것이 좋은 본보기이다. 따라서 금기사항의 상징인 대문에 금줄을 치던 풍습은 사라지고, 삼칠일까지 궂은일을 보지 않는 심리적 전통만 남아 있다. 그러다 보니 아직까지 옛것을 중시 여기는 집안은 칠칠일(49일)까지 금기의 기간을 확장하는 사례도 간혹 있다고 한다.

이런 사항들을 모두 조합하여 볼 때, 나와 같이 출산 후 10주째에 접어들었다면 금기사항은 벌써 해제되었다고 하겠다. 아내가 딸내미 집에 갈 때, 이러한 내용들을 주지시켜 내 입장을 분명히 해서 보냈더니 딸한테서 사과의 전화가 왔다.

"아빠, 부정 탔다고 말한 부분에 신경 쓰지 마세요."

나도 딸의 말을 따라주지 못해 미안한 마음을 담아 격려를 했다.

"딸내미, 앞으로 살아가면서 이런 일이 수없이 반복될 텐데 부정적으로 예민하게 반응하지 말고 긍정적인 마음으로 잘 이겨 내거라."

4일 만에 딸이 손자를 데리고 집으로 왔다. 좀 미안하기도 하고 어색하다. 그래도 손자를 보니 정말 기분이 좋다. 그동안 많이 큰 것도 같고 표정이 그때에 비해 제법 어른스러워 보인다. 딸의 사과 차원의 짬을 낸 방문이라 잠깐 대면만 하고 헤어졌다.

손자를 보내고 나니 많이 허전하다. 눈을 감아도 계속 눈에 밟힌다. 세상이 많이 힘들게 변해가고 있다. 미래 세대의 앞날이 갈수록 더 불투명하다고 한다. 나의 분신과도 같은 손자가 이 어려운 세상을 부정 타지 말고, 굳건하게 살아갔으면 하는 마음이 간절하다.

# 일상의 하루

"띵가 띵가 띵띵, 띵가 띵가 띵♪"

휴대폰에서 반가운 신호음이 울린다. 딸이 보내는 영상통화를 위한 페이스톡 알림음이다. 요즘 학수고대하는 선율이다. 자그만 화면 속에는 잘 생긴 손자 녀석의 재롱이 한껏 넘쳐난다.

손자는 얼마 전까지만 해도 뒤집기를 못해 애를 태웠다. 이젠 오체투지五體投地의 낮은 포복에서, 두 무릎과 두 손으로 기는 높은 포복으로까지 진화하였다. 잡고 일어서기는 식은 죽 먹기다. 걷기만 하면 곧 있을 첫돌에 구색이 맞다. "도리도리, 짝짜꿍, 죔죔"을 시키면 보너스로 윙크까지 날린다. 우리 부부는 손자 녀석 덕분에 연일 미소가 끊이질 않는다.

이런 행복도 건강이 우선되어야 한다. 우리는 가벼운 등산복 차림으로 바로 집 뒤편에 붙은 산으로 향한다. 한 시간 정도의 걷기 운동을 위해서다. 아파트 현관을 나서자마자 한낮의 폭염에 숨이 턱턱 막힌다. 짧은 거리를 걸어 산기슭으로 들어서니 소나무, 아까시나무, 참나무 그늘이 반긴다.

숲의 서늘한 기운과 함께 매미 소리가 우렁차다. 긴 장마로 때늦은 합창이다. 최소 3년에서 최장 17년을 땅속 어두운 세계에서 살다가 밝은 세상을 본 소감을 공명共鳴의 소리로 읊는다. "맴맴" 자기 이름을 되뇌는 놈, "우짜, 우짜" 사기를 북돋우는 놈, "우웩, 우웩" 술이 과한 놈 등 각양각색이다.

수컷이 암놈을 유혹하기 위한 생존본능의 소리다. 한 달 내외의 삶을 살면서 짝짓기를 하고, 알을 낳은 후 생을 마감한다. 덩달아 하루살이도 매미의 구애음에 맞춰 뭉텅이로 날아다닌다. 불현듯 나의 시간은 억겁億劫과도 같다는 생각이 든다.

매일 같은 시간에 운동하는 이들이 두 사람 정도 다닐 좁은 오솔길을 부지런히 걷고 있다. 군데군데 조각난 숲 사이로 내리쬐는 햇볕이 살을 델 것처럼 뜨겁다. 여기도 나름대로의 질서가 있다. 우측 보행이 그것이다. 근래 새롭게 합류한 아내는 그 질서를 깨뜨리는 몇몇에 아주 불편해했다. 보행이 불편한 나이 든 이가 한쪽으로 난 편편한 길만을 고집하는 상황에 어쩔 줄 몰라 했다. 그래도 이제는 슬쩍 양보할 줄도 안다. 오솔길의 질서에 녹아든 것이다. 여덟 번을 왕복하니 거의 육천 보에 가깝다. 잠시 쉬려고 긴 의자에 앉으면, 산 모기들이 득달같이 달려든다. 얼른 몸을 털고 일어섰다.

집에 돌아와서 텔레비전을 켜니 코로나19의 상황이 상당히 심각한 수준에 있다. 잠시 수그러들더니 매미 소리와 함께 다시 기성을 부리는 모양새다. 밖에 나갔다 오면 막연한 불안감이 엄습한다. 직장 생활하는 아들과 사위도 걱정이다. 한 달 후 있을 손자의 돌잔치는 정상적으로 치르기 어려울 것 같다. 정말 모두를 너무 지치게 한다. 코로나 이전의 일상생활日常生活이 그립다.

엎친 데 덮친 격으로 긴 장마가 수많은 인명 피해와 수재민을 내더니 이제는 폭염으로 한반도가 펄펄 끓고 있다. 작년만 해도 아파트 바로 뒤에 산이 있어 시원한 산바람에 더위를 모르고 살았다. 한여름 외에는 선풍기도 잘 틀지 않았다. 올해는 손자가 집에 올 걸 대비해서 부랴부랴 냉방기를 들였다. 오늘은 도저히 견딜 수 없어 냉방기를 가동한다. 늘어진 몸뚱어리에 한결 생기가 돈다.

시간이 흘러 한낮의 태양이 저물고, 어둠의 장막이 내려와 뜨겁던 대지의 열기를 식힌다. 나는 프로야구의 광적인 팬이다. 아내는 일일 드라마나 예능 프로그램을 선호한다. 안타깝게도 내게는 채널 선택권이 없다. 당연히 거실의 텔레비전은 아내가 지배한다.

나는 별도로 마련한 안방의 텔레비전 앞에 자리한다. 요즘은 승패에 그렇게 목을 매달지 않는다. 이런 재난 시국에 야구를 볼 수 있는 것만으로도 감사할 따름이다. 저녁은 먹었지만 입은 아들이 사 놓은 과자를 먹느라 쉴 틈이 없다. 아내는 배가 나올까 봐 눈치를 주지만 주체를 할 수가 없다.

뭔가 허虛해서 단 것이 그리워지는 나이가 원인일 것이다.

야구가 끝나면 독립해 나간 아들이 쓰던 방으로 간다. 우리 부부는 올봄부터 각방을 쓰고 있다. 나이가 들어서 그런지 밤에도 두세 번 화장실을 가야 하는 불편한 상황을 타개하기 위한 조치다. 더 결정적인 것은 아내는 저녁잠이 없고, 나는 새벽잠이 없다는 사실이다. 정말 서로 불편했다. 아내를 배려하기 위해 시작한 일이 처음 얼마간은 많이 당황스러웠다. 지금은 세상 편하고 좋다. 덕분에 새벽에 일어나 글공부도 마음껏 한다.

지난 3년간의 노력으로 방송대 국어국문학과를 우수한 성적으로 졸업했다. 하지만 뭔가 아쉬움이 많이 남았다. 하고 싶은 수필 공부는 언저리만 맴돌다 만 것 같은 느낌이었다. 그래서 올봄에 부경대 평생교육원 수필 심화반에 등록을 했다. 그런 열정 덕분인지 한 문장을 너무 늘여서 쓰거나, 간혹 독자를 배려하지 않은 표현이 있다는 사실을 깨우치게 되었다.

요즘은 글을 어떻게 보완해서 결과물을 낼까 하는 문제로 걱정이 많다. 그 여파인지 밤 세시쯤 화장실을 다녀오니 잠이 오지 않는다. 닫힌 창문에서 바람이 덜컹거린다. 냉방기를 끄고 창문을 활짝 열어젖혔다. 그런데 이게 무슨 일인가. "찌륵 찌륵", "찔 찔 찔", "또르르" 가을의 전령 귀뚜라미 소리가 아닌가. 언제 내 곁에 와 있더란 말인가. 온 세상이 시끄러워 너를 챙길 시간이 없었구나. 남아 있던 잠이 확 달아난다.

"뎅, 뎅, 뎅" 불시에 마음을 파고드는 소리! 가까운 사찰에서 새벽 예불 종소리가 들려온다. 홀연히 번뇌煩惱에서 벗어난 듯 마음이 더없이 자유롭다. 나의 하루는 이렇게 맑고 열린 마음으로 시작된다. 얼마나 고맙고 감사한 일인가.

# 가을치레

자식은 애물단지라고 한다. 불혹不惑을 앞둔 아들은 혼자 살겠다고 집을 얻어 나간 지 꽤 된다. 밥은 제때 챙겨 먹는지, 아픈 데는 없는지 걱정이 태산 같다. 그에 반해 딸은 진즉에 결혼하여 아기 엄마가 되었다. 딸이 낳은 자식은 온 집안의 귀염둥이다.

밤 11시가 넘어 잠자리에 들 때였다. 거실에 있던 아내가 딸과 통화하는 소리가 들려온다. 불길한 예감이 들어 무슨 일이냐고 물으니, 손자가 열이 많이 난다고 한다. 거의 38.5도를 오르내린다고 한다. 코로나 시대에 이게 무슨 날벼락 같은 소리인가. 순간 눈앞이 캄캄해진다. 아내는 차분한 목소리로, 매개체 역할을 할 딸과 사위는 열도 없고 건강하다며 돌치레 같다고 한다. 돌잔치를 한다고 간단히 식사를 하며 기념 촬영을 한 지가 열흘이나 지났는데, 지금 와서 웬 돌치레냐고 의아해했다. 돌치레를 몸살쯤으로 생각한 것이다.

다음 날. 병원 두 곳을 들렀다 온 딸이 전화로 돌발진 같다고 알려왔다. 돌발진 증세에 대해 인터넷으로 찾아보니, 보통 돌 전후에 발생하며 이유 없이 39도 정도의 열이 며칠간 지속되는 게 특징이라고 되어 있다. 다행히 해열제로 고열을 다스리며 5일 정도만 버티면 열꽃이 피면서 낫는다고 한다. 그제야 코로나로 지레 놀란 가슴을 쓸어내린다.

사흘째 되는 날 아침. 딸에게 걸려온 전화 내용은 어젯밤부터 열이 더 오르더니 잘 먹지도 않고 찡찡거린단다. 한밤중에는 20분간이나 울면서 데굴데굴 굴렀다고도 한다. 그 소리를 듣고 나니 조그만 것이 말도 못하고 얼마나 괴로웠을까 싶어 가슴이 찢어질 듯이 아프다. 그래도 달리 방법이 없다. 속수무책束手無策이란 이를 두고 하는 말일 것이다.

나흘째 되는 날. 거짓말같이 열이 내려 모든 게 정상으로 돌아왔다고 한다. 그러면서 집에 잠깐 들르겠다고 한다. 얼마나 다행스러운지. 믿지도 않는 여러 신에게 감사한 마음이 된다. 열 일 제쳐놓고 손자를 맞이할 집 정리부터 한다. 녀석은 손닿는 곳에 물건이 있으면 흩뜨려놓거나 입으로 잽싸게 가져간다. 화분도 마구잡이로 잡아당긴다. 그래서 거실 바닥부터 물걸레로 꼼꼼히 닦기 시작해서, 나중에는 휴대폰, 텔레비전 리모컨, 조그만 형광펜까지 녀석이 입으로 가져갈 만한 것은 모두 물티슈로 두세 번씩 닦는다. 싱크대 수납장 속의 식칼, 가위는 물론 거실에 있는 화분도 손닿지 않는 곳으로 옮겨놓는다. 한숨 돌리면서 아내를 보니 딸이 가져갈 반찬거리를 장만하느라 신명이 제대로 난 모습이다.

손자가 집에 왔다. 얼굴이 해쓱하다. 안아보니 돌잔치 때에 비해서 체중도 좀 준 것 같다. 아직 온전치는 않은지 기운이 없고, 자고 일어나니 저체온 증세도 있다. 그래도 먹을 것을 주면 잘 받아먹고, 거실을 막 뛴 걸음으로 다닌다. 엇

그저께까지 기던 놈이 장족의 발전을 했다. 말귀도 대충 알아듣는다. 함박웃음이 절로 난다.

딸 부부는 아들을 맡겨놓고 바깥바람을 쐬러 나갔다. 한참 후 들어오더니, 용두산공원에서 아들 때문에 놀란 가슴을 잠시 달래고 왔다고 한다. 그 소리를 들으니 갑자기 내 새끼들 키울 때가 새록새록 생각났다.

우리 부부는 어린 아들과 딸을 데리고 용두산공원에 자주 갔었다. 지금은 폐쇄되었지만, 당시에는 미화당백화점 꼭대기 층과 용두산공원을 다리로 연결해서 통로로 삼았다. 건물 꼭대기에는 놀이기구가 있었고, 다리 중간쯤에는 매점이 있었다. 애들을 데리고 간 부모들이 그냥 지나칠 수 없는 구조였다. 애들은 당연하다는 듯이 놀이기구 앞에 떡 버티고 섰고, 매점 앞에 빈자리를 부리나케 찾아서 앉았다. 놀이기구 두어 개는 기본이요, 컵라면과 어묵은 덤으로 보장받은 권리였다. 애들은 어린이날, 크리스마스 등 특별한 날만 되면 비둘기를 보러 가자고 보챘다. 실상은 놀이기구를 타고 컵라면을 먹고 싶은 욕심으로 그랬다.

옛날 일을 생각하다 보니 애들이 힘든 고비를 넘어왔던

상황들도 주마등처럼 스쳐간다. 아들은 세 들어 살던 집 2층에서 떨어져 죽을 뻔했다. 큰 병원 두 곳을 옮겨 다니며 애간장을 태웠다. 딸내미는 심한 폐렴으로 며칠간 병원에 입원하며 부모 속을 끓였다. 그래도 모두 잘 성장하여 제 몫을 하고 있다. 손자도 숱한 고비를 넘기면서 커나갈 것이다. 힘들 때마다 할아비의 미약한 기운이나마 보태야겠다는 다짐을 해본다.

헤어질 때 엄마 품에 안긴 손자의 얼굴이 할아비, 할미의 사랑을 듬뿍 받아서 그런지 그럴 수 없이 해맑다. 승강기 앞에서 손을 흔들며 잘 가라는 아내의 목소리에 물기가 묻어있다. 아마 조그만 것이 세상을 헤쳐 나가는 모습이 안쓰러워서 그럴 것이다.

토요일임에도 회사에서 일을 하던 아들이 밤늦게 먹을 걸 한 보따리 싸 들고 왔다. 손자와 헤어져 허전했던 가슴이 듬직한 아들로 가득 채워진다. 늘그막에 이런 자식이 가까이에 있어 얼마나 다행인지 모른다. 자식이 애물단지라는 말은 이제 내 뇌리에서 지워야겠다. 오늘은 아들, 딸, 사위, 손자를 한꺼번에 봐서 그런지 마음이 한껏 부자가 된 기분이다.

한 다정한 문우文友가 단체 대화방에 가곡 '가을앓이'를 띄워 놨다. 소프라노의 청아한 음색이 손자의 돌치레로 예민해진 감성을 한층 고조시킨다. "이 가을 깊은 서정에 가슴 베이지 않을 지혜를 일러 주시게" 하는 부분에서는 눈물마저 핑 돈다. 이제 본격적으로 늙는 모양이다.

가을이 더 깊어지기 전에 우리 부부도 용두산공원에 한번 가봐야겠다. 이왕이면 은행나무 가로수들이 샛노랗게 타오를 때면 좋겠다. 공원 벤치에는 애들과 못다 한 이야기, 비둘기와 깔깔대던 날들이 날것 그대로 조금은 남아 있겠지.

# 동백꽃 충정

기온이 수시로 영하권을 넘나든다. 코로나로 마음 한구석이 휑뎅그렁한데 날씨까지 이러니 올겨울은 유독 춥겠다. 몸과 마음이 추울 때 평소와 다른 무언가가 있으면 조금은 따뜻한 기운이 돋우어진다.

딸이 건강검진을 앞두고 몸을 추스르기 위해 손자와 함께 닷새간 집에 와 있었다. 손자가 가고 나니 "든 자리는 몰라도 난 자리는 표가 난다."는 말처럼 가슴 한곳이 뻥 뚫린 것 같았다. 아내와 나는 허전함을 화사한 꽃으로 달래려고 평소에 자주 가는 화훼 단지에 들렀다. 매장 실내를 둘러보니 마음에 썩 내키는 화초가 없다. 그냥 돌아서 나오려다가 야외에 허리 높이의 동백 묘목들이 옹기종기 모여 있는 게 눈에 띈다. 아직 핀 꽃은 없지만 봉오리들이 엄청 달려 있다. 가지가 포실하게 번진 것을 하나 골라 부리나케 집으로 돌아왔다.

새 손님을 맞기 위해 치자나무가 말라죽어 빈 화분이 된 곳에 유자나무를 옮겨 심었다. 그렇게 여유가 생긴 큰 화분에 동백나무를 심어 베란다에 두었다. 그러고는 한참을 잊고 지냈다. 열흘인가 지나서 보니 빨간 장미같이 생긴 꽃 하나가 큼지막하게 피어 있다. 색깔이 선명한 진홍색이다. 여태껏 본 동백 중에서 제일 예쁜 것 같다. 아내와 나무를 잘 사 왔다고 탄복하면서 내친김에 거실로 옮겼다.

그렇게 하나 둘 피어나던 꽃들이 어느 날 자고 일어나니 싱싱한 꽃송이 하나가 모가지가 잘린 듯이 통째로 거실 바닥에 널브러져 있다. 너무나 놀랍고 안타까워서 아내에게 "빨래 넌다고 앞 베란다를 들락거리다가 떨어뜨린 게 아니냐?"라고 볼멘소리로 추궁했다. 아내는 긴가민가하면서도 덩달아 속상해한다. 이미 떨어진 꽃은 붙일 수 없지 않은가. 체념을 하고 며칠이 흘렀다.

하나 둘 앞다퉈 피어나던 꽃이 열 송이 가까이 되자 갑자기 경쟁하듯 목을 꺾기 시작했다. 떨어질 때 소리도 요란하다. "뚝!" 정말 목이 꺾이는 소리가 났다. 시도 때도 없이 꺾였다. 열 송이 이후로는 꽃을 더하지는 않고 떨구기만을 계속했다. 이제 세 송이밖에 남지 않았다. 아직 봉오리들은 많이 남았지만 서운한 마음 이루 말할 수 없었다.

동백나무에 대해 이곳저곳 자료를 찾아보니 내용들이 생면부지다. 동백은 온대성 상록활엽수로 중부 이남에서만 자랄 수 있다. 대략 11월 말부터 꽃을 피우기 시작해서 2~3월에 만발한다. 겨울이면 곤충이 많이 없을 때라 조그만 동박새에게 수정을 맡기는 조매화이다. 희한하게도 꽃잎이 하나씩 떨어지지 않고 송이째 떨어지는데, 그 모습이 마치 충신이 간언하다 목이 떨어지는 것 같다 하여 충신을 상징하는 꽃이라고 되어 있다. 그렇다면 우리 집 거실에는 목을 내놓은 충신이 넘쳐난 게 아닌가. 그들은 우리 부부에게 무엇을 간언하려다 목이 꺾였을까.

동백꽃의 꽃말은 가장 대표적인 게 기다림이다. 이와 관련된 이야기가 좀 슬프게 다가온다. 섬에 금실 좋은 부부가 살았다. 남편이 1년간 육지로 일을 떠나서 때가 돼도 돌아오지 않자 그리움을 이기지 못한 아내가 병을 얻어 죽었다. 남편이 돌아와 죽은 아내를 묻었는데, 그 자리에서 빨간 꽃이 피어나 추운 겨울에도 꽃이 지지 않았다고 한다. 국민가요 '동백아가씨'의 노랫말도 가신 님을 그리워하며 하염없이 기다린다는 내용이다. 나에게도 그리움이란 가슴앓이로 애를 태웠던 시절이 있었던가?

나는 당시로서는 늦은, 서른이 꽉 찬 나이에 결혼을 했다. 그런 과정에서 애틋함을 가졌던 사연은 이랬다. 한집에서 부모님을 모시며 집안 기둥 노릇하던 누님의 사업 실패로 졸지에 홀로 친척 집에 얹혀 지내는 신세가 되었다. 그 와중에 박봉을 쪼개 영문도 모르는 빚을 갚고 있었으니, 결혼은 언감생심이요 사귀는 여자가 있어도 흐지부지될 수밖에 없는 처지였다.

그런 상황이 급변한 것은 다섯 살 터울의 동생이 군에서 제대하면서다. 은행으로 복직한 동생이 긴급대출을 받아 방 한 칸 세를 얻어 동생과 내가 자취를 시작한 것이다. 동생은 여자에 청맹과니인 형을 위해 형수감도 소개했는데, 유명 호텔 사무실에 근무하는 혼인 적령기의 아가씨였다. 혼숫감 목록이 길게 늘어지도록 결혼 준비가 잘 되어 있다고 했다. 아담하고 여성스럽게 생겼음에도 남자처럼 당찬 데가 있어 내가 결혼 상대자로 바라던 타입이었다. 자취방을 들락거리며 반찬을 해 나르던 아가씨가 어느 날 갑자기 그만 사귀자며 발길을 뚝 끊어버렸다. 애가 타서 연락을 취해도 피하기만 했다. 그렇게 그녀와의 관계는 영문도 모른 채 허무하게 끝이 났다. 얼마 뒤 동생은 지나가는 듯이 말했다. 같이 근무하는 절친한 친구가 그녀의 전 남친인 걸 뒤늦게야 알았다고.

그녀와 헤어져서 갈피를 잡지 못하는 즈음에, 절묘하게도 주인집 안주인이 중매 제의를 해왔다. "스물다섯 먹은 조카가 있는데 한번 만나보지 않을래요?" 그렇게 난데없이 등장한 아가씨 덕분에 누가 봐도 영락없는 몽달귀신 신세를 극적으로 면할 수 있었다. 어머니가 평소 장독대 위에 정화수를 떠다 놓고 두 손 모아 빌었던 영험이 그제야 나타났던 게 분명하다.

결혼한 지 얼마 안 된 어느 날, 출근길의 회사 앞이었다. 1층에 다방이 있는 건물의 2층에서 누가 창문을 열고 내 이름을 부른다. 바쁜 걸음을 멈추고 위로 쳐다보니 얼마 전 경황없이 떠난 그 아가씨다. 올라가니 여행사 사무실이다. 결혼을 축하한다는 인사를 받고 나니 더 이상 할 이야기가 없다. 손목 한번 잡지 않은 사이지만, 돌아서면서 애처로운 마음이 드는 것은 왜일까.

세월이 흐른 뒤 생각하니 아내와의 만남은 하늘이 맺어준 인연이라 여겨진다. 귀여운 손자 녀석도 그런 인연이 아니었으면 이 세상에 태어나지 못했을 것이다. 동백꽃이 목을 꺾어가면서 충언하려던 것도 '나를 구원해 준 아내이니 평생의 은인으로 알고 잘 받들고 살아라.'는 뜻이지 싶다.

허전함을 달래려고 집으로 들인 동백나무가 망각의 세월 속에서 소중한 기억을 일깨웠다. 동백꽃 충정衷情의 행복한 결말이다. 다음 동백꽃이 필 적에는 또 어떤 추억거리로 휑한 빈 가슴을 채우려나.

# 불멸의 명화

그림으로 시를 쓴 화가. 오늘은 평생교육원에서 모딜리아니에 대해 공부한다. 이번 학기의 강의 주제인 '포스트 휴머니즘 시대의 인간 교실'에 맞춤 교육이다. 연관된 회화 한 점이 단톡방에 올라왔다. 여자가 은밀한 곳의 체모를 드러낸 〈누워있는 나부〉라는 명화이다. 경매가가 수수료 포함해서 약 1,900억 원에 달하는 판매 당시 세계 미술품 경매 사상 역대 2위의 작품이라고 한다.

혼자 보기 아까워 그림 값과 함께 퇴직자 모임의 단체 대화방에 올렸다. 모임 회장이 댓글을 달았다. "저의 눈으로는 도저히 그런 고가의 그림으로 보이질 않습니다." 잔잔한 가슴에 파문을 일으켰으니 묵묵부답으로 있을 수가 없다. "모딜리아니가 살아생전에 가난으로 고통을 받은 이유가 그 시절 호사가들의 눈이 딱 우리들 수준의 안목 때문이라고 해야겠죠?" 그 이후로 다들 조용한 걸 보니 비싼 그림 감상에 푹 빠져 버린 모양이다.

건립한지 스무 해가 넘은 아파트가 시시각각 삐걱거리며 늙어 가고 있다. 집에서 지낼 일이 많아 은퇴 직전에 큰맘 먹고 내부를 올 수리했었다. 창호는 쓸 만해서 손을 대지 않았다. 그 이후 태풍이 오더라도 유리창에 테이프를 붙이는 정도로 무난히 넘어가곤 했다. 시간이 흐르고, 바람의 강도가 세지면서 상황이 급변했다. 바람이 불면 창문이 통째로 덜컹거리며 비명을 내질렀다. 테이프를 치는 것은 기본이요 창틀 사이에 신문지를 뭉쳐서 끼우기도 하지만 왈캉대기는 마찬가지였다. 그러다가 작년 가을에 태풍이 두어 차례 몰아치더니 결국에는 같은 라인의 여러 가구가 앞 유리창이

파손되는 큰 피해를 입고 말았다.

그 이후로 아내의 시름이 깊어 갔다. 유명 제품으로 하자니 수중의 돈으로는 해결이 되지 않고, 돈에 맞추자니 마음이 선뜻 내키지 않는 모양이다. 별도의 주머니가 동이 난 내 처지로는 그냥 지켜보는 수밖에 없었다. 여자들은 나이가 들면 집이 편안해야 한단다. 바람이 조금만 불어도 아내가 밤새 잠을 설치게 되니, 창호 교체가 우리 부부의 숙원 사업이 되고 말았다.

우리 집 뒤 베란다 창문 너머에는 바로 숲이 우거져 있다. 아파트가 산 끝자락을 깎아 세웠기 때문이다. 산 초입에는 아파트보다 더 오래된 성당이 자리하고 있다. 며칠 전부터 성당 지붕에 인부들이 보이더니 도색 작업이 한창이다. 벽면은 흰색으로, 지붕은 초록에서 주황색으로 바뀌고 있다. 짙어가는 신록에 산뜻함을 더한다. 그 멋있는 정경도 창문을 열지 않으면 뿌옇게 보인다. 기존 설치된 유리창 앞뒤 면에 세월의 때가 묻어나는 현상이다.

하루는 아내가 전단지 묶음을 놓고 이리저리 전화를 하더니 뭔가 결단을 내린 모양이다. 얼마 전 꼭대기 층의 창호를 교체할 때 알게 된 시공업자와 과감하게 계약을 한다. 공사 업자를 불러 실측을 하고 난 뒤부터는 나도 방관자로만 일관할 수가 없었다. 그래서 이미 공사를 한 우리 라인 여러 집을 외곽에서 살펴보고 업자에게 몇 가지 수정을 요구했다. 아내는 진작 이야기하지 왜 이제 와서 난리냐고 불만을 터뜨렸다. 하긴 좀 머쓱하다. 아내는 손 없는 날을 정해 공사 일자를 잡았다. 공교롭게도 평생교육원 수업 날과 겹친다.

같이 수업을 받는 교육생 중에 공직에서 은퇴하고 관세사를 하는 올해 팔순인 남자 사진작가가 있다. 그가 시청 전시관에서 두 번째 사진전을 연다고 한다. 교육을 마치고 우르르 몰려갔다. 마음은 공사 중인 집에 있지만 한 스승 밑에서 동문수학하는 의리상 따로 행동할 수가 없다.

'여행의 기억'이란 주제로 전시된 50여 작품을 둘러보니 그의 예술적 혼이 피부로 와닿는다. 노작가老作家는 타이티 보라보라섬의 작품 앞에 서서, 기묘한 형태의 오테마누산과 환상적인 라군, 민트빛 바다는 여느 여행지보다 가장 기억에 남는 곳이라고 해설했다. 사진 예술에 문외한인 내가 봐도 정말 멋져 보인다.

관람 후 단체로 식사하러 갈 때 슬그머니 빠져나와 차를 몰고 부리나케 귀가했다. 혼자서 외롭게 현장을 지키던 아내가 반색을 한다. 공사는 거의 마무리 단계에 있다. 해가 질 무렵 창호 설치가 끝나고, 베란다에서 임시로 피신시켜 놓은 장독과 화초, 짐들을 다시 제자리로 옮기고 나니 수개월간 뭉쳐 있던 응어리가 눈 녹듯 사그라진다.

〈큰 모자를 쓴 잔 에뷔테른〉의 화가 아메데오 모딜리아니(1884~1920)는 이탈리아 리보르노의 유대계 가정에서 태어났다. 1906년부터 파리에서 살기 시작한 그는 몽마르트와 몽파르나스의 비좁은 작업실에서 그림을 그리며 술과 대마초, 사랑과 시를 벗 삼던 잘 생긴 보헤미안이었다. 생전에 성공이라고는 맛보지 못한 모딜리아니. 몽파르나스와 라스파유가의 전설적인 여러 술집에서 술값 대신 손님들의 초상화를 그려주며 살던 고달픈 삶. 결핵으로 인한 병약한 몸. 이런 비극적인 것들이 농축되어 연인을 목이 길고 눈동자가 그려져 있지 않은 비정상적인 초상을 그리게 되었는지도 모른다.

만 35세의 나이에 결핵에 걸려 무일푼으로 파리의 자선

병원에서 사망할 때까지 그는 오직 예술에만 몰두했다. 그가 죽은 다음날, "저승에 가서도 당신의 모델이 되겠다."고 한 젊은 잔 에뷔테른은 어린 딸을 남겨둔 채 만삭의 몸으로 부모님이 사는 건물 6층에서 투신하여 생을 마감했다. 그가 없는 세상에서는 한시도 숨을 쉬며 살아갈 수가 없었던 것이다. 모딜리아니가 남긴 스케치북 한 쪽에는, "내가 추구하는 것은 현실도 아니고 그렇다고 비현실도 아니다. 나는 무의식, 즉 인간의 본능이라는 신비를 알고 싶다."는 예술적 신조가 메모 형식으로 적혀 있었다.(마로니에북스)

창호공사가 끝난 다음날 아침. 아내가 뒤 베란다 쪽에서 나를 급히 부른다. 가까이 가니 이번 공사에서 가장 마음에 드는 곳이라고 하며 창문 밖을 가리킨다. 항상 흐려있던 곳이 투명 유리로 바뀌었다. 창틀에는 새로 단장한 성당의 지붕, 숲을 이룬 길쑥한 소나무들, 신록이 짙어가는 산봉우리들이 한 폭의 풍경화로 멋들어지게 어우러져 있었다. 아내가 소장한 가격을 가늠할 수 없는 불멸의 명화名畫이다.

# 둥지

뒷산이 소란스럽다. 창문 너머로 "깍깍깍" 경쾌한 까치 소리에, "까악 까악" 음산한 까마귀 소리, 틈새를 비집는 "뻐꾹뻐꾹" 뻐꾸기의 울음소리가 왁자하다. 온종일 새들의 지저귐으로 내 아파트에는 자연의 하모니가 넘쳐난다.

우리 부부가 걷기 운동을 하는 뒷산 오솔길은 소나무 군락지다. 몇 해 전만 해도 청설모가 이 지역을 주름잡았다. 언젠가 까치가 나타나 청설모를 떼로 공격하더니 숲의 주인이 바뀌었다. 요 근래 오솔길 아래, 곧게 뻗은 소나무 우듬지에 까치가 둥지를 틀었다. 특이하게도 까마귀가 그 주위를 맴돈다.

오늘은 평생교육원에서 까치에 대한 글을 합평했다. 노련한 여류작가의 관찰력이 돋보이는 작품이다. 너무나 생생하게 묘사를 해서 우리 집 뒷산이 바로 눈앞에 있는 듯하다. 휴식시간에 집 뒤의 요란한 까치 소리 이야기를 했더니 산란철이라서 그렇다고 한다.

나는 까치집 주위를 맴도는 까마귀가 생각나서 까치와 까마귀가 싸우면 누가 이기느냐고 물어봤다. 옆에 있던 남자 문우가 한 마리씩 맞붙으면 아무래도 덩치가 큰 까마귀가 이길 것이라고 한다. 그러나 까마귀는 혼자 다니는 습성이 있어서 떼로 몰려다니는 까치를 이길 수 없다고 한다. 어느 날 시골 마을 감나무에 까마귀 한 마리가 나타나 홍시를 파먹고 있자 텃새인 까치 부부가 쫓아내더라고 한다. 그 이후로 까마귀는 감나무 근처에 얼씬도 않더란다. 까치가 둥지 주위에서 얼쩡거리는 까마귀를 소 닭 보듯 하는 이유를 알겠더라.

어린이집에 다니기 시작한 손자가 주말을 이용해 집에 왔다. 나는 손자가 오면 주려고 맛있는 과자를 준비해 놓았다. 하지만 딸은 아토피에 걸릴까 봐 단속이 심하다. 까치 소리를 들려주겠다며 손자의 손을 잡고 슬며시 서재로 쓰는 작은방으로 데리고 갔다. 창문을 열고 새소리를 들려주면서 숨겨 놓은 과자를 슬쩍 입에 넣어 줬다. 난생처음 단 것을 맛본 손자 녀석은 까까가 먹고 싶어 별짓을 다한다. 그 방에만 가면 깍깍거린다. 볼 일이 없어도 저 혼자 가서는 깍깍거리며 할아비를 찾는다. 나는 딸에게 혼날까 봐 딴전을 피우며 얼른 데리고 나왔다.

내가 즐겨보는 블로그에 뻐꾸기에 대한 수필이 한 편 올라왔다. "뻐꾹 뻑뻐꾹 뻐꾹", 남의 집에 알을 낳은 뻐꾸기가 어미 품으로 찾아오라고 애달피 우는소리라고 한다. 새끼가 어미를 찾아오지 못할까 봐 노심초사 피를 토하듯 울어댄다고도 하고 있다. 그런데 인터넷에서 찾아본 권위 있는 자료에는 울음소리의 의미가 글의 내용과 전혀 다르다. "뻐꾹뻐꾹"은 수놈이 짝짓기를 위해 암놈을 부르는 소리라고 한다. 간혹 "뻑뻐꾹" 하고 울기도 하는데 암컷이 가까운 곳에 있을 때 수놈이 내는 소리라고 한다. 암놈은 그저 "삐삐삐삐"거린다고 하니, 해외 입양아를 다룬 감동적인 글이 뻐꾸기 울음소리의 오류로 희석되고 말았다.

뻐꾸기는 스스로 둥지를 틀지 않고 멧새, 때까치 등 소형 조류에 탁란托卵하는 여름새이다. 5월 하순에서 8월 상순까지 이곳저곳 옮겨 다니며 남의 집에 1개씩, 도합 10개 남짓의 알을 낳는다. 새끼는 포란 후 열흘이면 부화되고, 태어나자마자 같은 둥지에 있는 알과 새끼를 모두 밖으로 밀쳐내고 둥우리를 독점한다. 둥지가 꽉 찰 정도로 자라면 키워준 어미를 헌신짝처럼 버리고 날아간다. 기르는 어미 새도 새끼의 덩치가 유별나서 내 새끼일까 하고 의구심을 품는다고 한다. 그래도 먹이를 물어다 주며 양육하는 것은 자기 핏줄이 아니라는 확신이 없어서 그렇단다.

뻐꾸기의 얄미운 짓거리를 보니, 김동인의 〈발가락이 닮았다〉는 단편 소설이 생각난다. – 가난한 월급쟁이인 M은 서른두 살의 노총각이다. M은 혈기를 이기지 못해 유곽으로 달려가곤 하다가 성병으로 인해 생식능력을 잃고 만다. 결혼을 한 M의 아내가 아들을 낳고 그 아이가 반년쯤 자랐을 때, M이 기관지가 좋지 않은 아이를 안고 친구이자 소설 속의 화자인 의사를 찾아온다. M은 아들이 제 증조부를 닮았으며, 아이의 발가락이 가운뎃발가락이 가장 긴 자신의 발가락과 닮았다고 한다. 화자는 동정을 느끼며 발가락뿐만 아니라 얼굴도 닮은 데가 있다고 말해준다. – 집안에 남의 씨로 의심되는 자식을 들여놓고 안절부절못하는 행태가 탁란을 당한 어미 새와 어찌 그리도 닮았는지.

뻐꾸기는 몸이 길고 다리가 짧아 구조적으로 알을 품을 수 없다. 부리조차 남달라 둥우리를 틀지도 못한다. 대를 이어가기 위해서는 자신의 알을 남의 둥지에 몰래 맡길 수밖에 없는 처지다. 다른 가설로는, 뻐꾸기는 아주 짧게 머무는 철새이다. 산란기에 알을 많이 낳기 위해서는 포란과 육아로 허비할 시간이 없다. 그래서 다른 새의 둥지에 탁란하여 위탁모가 키우게 한다고도 한다.

탁란을 당하는 새도 가만히 손을 놓고 있지는 않는 모양이다. 흔히 뱁새라고 부르는 붉은머리오목눈이는 탁란을 당하지 않으려고 알의 색깔을 바꾸는 등 나름의 방책을 세운다. 뻐꾸기 역시 알을 비슷하게 바꾸는 등 고도의 술수로 대

응한다. 높은 나무에 앉아 숙주 새가 둥지에서 언제 자리를 비우는지, 알을 몇 개나 낳았는지 면밀히 관찰한다. 체내 부화 시간까지 조절하여 최적 시간에 알을 한 개 낳으면, 반드시 알 한 개를 제거한다고 하니 희대의 모사꾼이 따로 없다.

손자가 어린이집에 다니기 시작한 뒤로 재롱이 부쩍 늘었다. 음악 소리만 들리면 엉덩이를 흔들며 신나게 춤을 춘다. 원하는 게 있으면 거짓 울음 연기로 실소를 자아내게도 한다. 그 귀여운 모습에 전세가 역전되었다. 제 부모는 물론 할미까지 가세하여 녀석에게 점수를 따려고 별궁리를 다한다. 그래도 나에게는 손자와 교감할 비장의 무기가 있다. 내 둥지인 서재로 가면 손자도 얼씨구나 하고 뒤를 따라온다.

손자 녀석은 제 아빠 판박이다. 딸이 시댁에 가서 시어머니 아들을 둘이나 돌보고 있다고 할 정도다. 소설 속의 M과 달리, 사위는 제 자식을 보며 이 세상에 왔다간 흔적을 제대로 남겼다고 뿌듯해할 게 분명하다.

# 제4부

# 동행

늦깎이의 서사(▸자세를 가다듬고 ▸'론'을 배우고 익히며 ▸새로운 길을 찾다) · 나르키소스와 에코 그리고 항아 · 동행 · 길벗 · 동물 가족(▸수탉, 토끼 ▸고양이, 개) · 아버지란 굴레 · 가없는 사랑 · 믿음에 기대어

# 늦깎이의 서사敍事

## 자세를 가다듬고

오랜 공직생활을 마감한 게 엊그제 같은데, 벌써 3년이라는 세월이 훌쩍 지나가 버렸다. 그동안 한 일이라곤 먼 길 떠나시는 장인을 배웅해 드리고, 딸을 출가시킨 것 외에는 딱히 내세울 게 없다.

"우물쭈물하다가 내 이럴 줄 알았다."

퇴임식 때 슬쩍 곁들였던 고별사가 인생 2막에서 안타깝게도 현실이 되어 가고 있었다.

이래서는 안 되겠다 싶어 평소 갈망하던 글쓰기 공부를 위해 부랴부랴 방송대 국어국문학과 2학년에 편입을 한 게 집에 나이로 예순넷이다. 그런데 시작과 동시에 과제물부터 한계에 부닥친다. 난데없이 이름만 아는 동서양 철학자의 책들 중에 한 권을 선택하여 독후감을 써야 한다.

지시된 책 중 그나마 안면이 있는 논어나 맹자와 같이 분량이 엄청난 동양 고전은 시간 관계상 도저히 소화할 수가 없다. 궁여지책으로 서양 철학서 중 가장 얇은 책인 플라톤의 ≪메넥세노스≫를 선택했다. 다행히 내가 근무했던 업무와 연관된 전몰자 추모사에 관한 내용이다. 인터넷으로 같이 구입한 플라톤의 ≪파이드로스≫는 난해하여 책꽂이로 직행했다.

우여곡절 끝에 과제를 마치고 출석수업 가는 날. 갑자기 20대 중반에 방송대 출석 수업을 하던 때가 생각났다. 그때는 방송대에 지역대학이 없어 협력학교인 B대학교에서 그 대학의 교수가 출석 수업을 진행하고 있었다. 행정학과는 현직 공무원이 주를 이루고 있어 연령대가 다들 젊은 편에 속했다.

나이가 지긋한 지도 교수는 교실의 당연한 연장자로서 평소 학생들을 가르치던 습관대로 강의를 해라체로 일관했고, 질문을 할 때도 같은 말투를 사용했다. 강의가 한창 무르익자 학생들의 집중도에 흥이 난 교수가 칠판에 난해한 철학 용어를 쓴 후, 그날의 일자에 맞는 학번의 학생을 답변자로 택해 호기롭게 일으켜 세웠다. 그런데 그 정황에 맞지 않게 머리가 허연 사람이 엉거주춤한 자세로 일어서는 게 아닌가. 일순 분위기가 싸늘하게 얼어붙고, 교수가 당황해서 어쩔 줄 몰라 하던 장면이 지금도 눈에 선하다.

차를 타고 가는 내내, 나도 젊은 학생들 속에서 그런 곤란한 처지에 놓이지나 않을까 얼마나 걱정을 했는지 모른다. 그런데 교실에 들어서니 나도 모르게 안도의 한숨이 나온다. 모두 내 나이 또래의 친근한 이웃집 아저씨, 아줌마들이 교실을 점령하고 있어서다. 강의 시간에 들어서는 교수도 복장이 자유스럽고, 말투는 좀 퉁명스럽기까지 할 정도로 스스럼이 없다. 이런 분위기는 참 오래간만이라는 생각이 든다. 한마디로 '살아있네~'다.

출석 수업이 끝나고 10일 동안의 공부시간이 주어진다. 이게 머리에 피를 말리는 일이다. 우선 강의 시간에 일러준 시험 범위에 책과 필기한 노트를 조합하여 가상 답안을 만들어서 쓰기와 외우기를 반복해야 한다. 요즘 나의 행태는 분명히 뭔가를 하려고 베란다에 나가서는 용무를 몰라 쩔쩔맨 적이 한두 번이 아니다. 그런데 과목당 A4 용지 1매 반 분량을 세 과목이나 달달 외워서 쓰기까지 해야 한다는 것은 여간 골치 아픈 일이 아니다. 그런 과정을 수없이 반복하면서 '늙어 가면서 이런 일을 왜 하지?' 하며 회의에 빠지기도 했다.

드디어 시작된 출석 시험 첫 시간은 정신력과의 싸움이다. 머리에 기억한 내용은 술술 잘 떠오르는데 정작 답을 써야 하는 손은 긴장이 돼서 사시나무 떨리듯 한다. 매끄럽지 않은 책상에 책받침 없이 글을 쓰니 괴발개발 내가 봐도 가관이다. 그래도 공부한 보람은 있어 글씨는 처참해도 출제자가 요구한 답은 잘 작성한 것 같고, 시간이 지날수록 안정이 되어 둘째, 셋째 시간 모두 무난하게 친 것 같다. 기말시험은 고쳐서 틀린 게 많아 걱정했지만 전체적으로 성적이 괜찮게 나왔다.

적응기를 무사히 마치고 2학기에 접어들었다. 1학기 때와 같이 과제물 세 과목이 여전히 어렵다. 그런 중에도 ≪현대소설론≫의 과제는 잠재해 있던 나의 문학적 감성을 일깨우는 계기를 마련하기도 했다. 도서관에서 김정현의 소설 ≪아버지≫를 읽다가 딸이 아버지에게 쓴 편지 부분에서 눈물이 걷잡을 수 없이 쏟아졌다. 앞에 앉은 학생 보기가 민망할 정도다. 아마 딸 가진 부모 입장에 동질감을 느껴서 주인공에게 더 몰입되어갔는지 모른다.

과제물을 쓰고 난 뒤 아내에게 읽으라고 권했더니, 다음 날 아침에 책을 돌려주면서 너무 울어서 머리가 아프다고 한다. 아내는 얼마 전에 돌아가신 장인의 딸 입장에서 그렇게 울었을 것 같다. 이렇게 모두가 공감하는 감성을 하나하나 찾아가는 걸 보니 문학도로서의 자세는 갖춰 가는 모양새다.

## '론'을 배우고 익히며

이제 또 새로운 학년이 시작되었다. 그런데 3학년 1학기의 교과서를 받고 보니 이게 보통 일이 아니다. 전공과목의 책 제목이 ≪문학비평론≫과 같이 무슨 '론'으로 되어 있고 질적 수준이 아주 높다. 책 부피만 해도 ≪고전시가론≫은 다른 교재의 거의 1.5배 분량이다.

그리고 숙명처럼 날아든 과제명을 보니 한숨이 절로 나온다. 과제물을 아예 논문 형식으로 작성하라거나 한 편의 단편소설을 창작해서 제출하라는 식이다. 이중 ≪고전소설강독≫은 "경판본 고소설 ≪홍길동전≫과 구보 박태원의 ≪홍길동전≫을 비교, 분석하라."는 내용이다.

구보의 ≪홍길동전≫을 읽다가 "아버지를 아버지로 부르지도 못하는" 천비 소생 홍길동. 그보다 더 기구한 삶을 사는 연산군 시절 다수의 힘없는 백성을 대표하는 인물인 평민 처녀 음전. 그들 사이에 연분홍빛 사랑이 싹틀 무렵, 채홍사에게 징발된 그녀가 생을 비관하여 자살하는 대목에서는 안타까움에 할 말을 잃었다. 독일의 철학자 하이데거의 주장처럼 우리의 의지와 상관없이 피투被投되기로 작정되어 있었다면, '저런 세상에 태어나지 않은 것만 해도 얼마나 다행인가' 하며, 현재의 삶에 대한 고마움에 가슴이 먹먹해진다.

전공과목의 어려움 속에서도 그나마 다행인 것은 교양과목인 ≪신화의 세계≫를 통해 혼돈의 세상 카오스를 거쳐서, 신화의 마지막 영웅 오디세우스를 만난 것이다. 외눈박이 식인 거인과 맞닥뜨려 '아무것도 아닌 자Outis'가 되어 생명을 구하기도 하고, 노래로 사람을 홀리는 사이렌과 죽음의 소용돌이인 카리브디스를 헤쳐 나가는 등, 숱한 위기를 극복하고 가족의 품으로 돌아가는 긴 여정을 함께했다. 행복이 어디에 있는가를 깨우치는 소중한 가르침이라 하겠다.

이번 출석 수업은 본부에서 출강 오신 학과장님의 간결한 말씀으로 요약이 되겠다. "우리 학과는 졸업할 때 한글이 어렵다는 것을 깨달으면 제대로 공부를 한 것이다." 평소 글을 쓰다 보면 맞춤법, 특히 띄어쓰기가 정말 어렵다고 느끼고 있었는데, 교수님의 명쾌함에서 용기를 얻는다.

이제 1학기 마지막 관문인 기말고사를 준비한다. 기말시험을 앞두고 기출문제를 풀어보니 난이도가 예사롭지 않다. 그래서 평소에 하던 요약노트를 더 정성 들여 정리했다. 이런 불길한 예감은 거의 예외 없이 적중하는 법이다. 기말시험을 치르고 난 학우들의 얼굴을 보니 공포로 새하얗게 질려 있었다. 덩달아 놀란 가슴을 요약노트 덕분에 쓸어내린다.

2학기는 교재 ≪고전소설론과 작가≫에 게재된 매월당 김시습의 문학관에 대해 학습의 심도를 높인다. 방송강의, 워크북은 물론 ≪금오신화≫도 구입해서 읽어 본다.

그가 주장하는 귀신이 없다는 말은 무엇인가? ≪금오신화≫다섯 편 중 하나인 〈남염부주지〉에서는 지옥의 대왕인 염마와 경주의 유학자 박생을 동원해, 극락이니 저승이니 하는 별세계가 따로 없고 이승과 저승은 같은 세상이라는 '일원론적 세계관'을 드러내고 있다. 이 사상의 사실 여부는 확인할 길이 없다. 그렇지만 저승의 역사는 정말 오래된 것 같다. 기원전 8세기경 고대 희랍 시인인 호메로스와 헤시오도스의 서사시에 이미, 저승의 신인 하데스와 머리가 셋 달린 저승 지킴이 개 케르베로스를 거론하고 있으니 말이다.

저승을 소재로 한 시리즈물 영화가 상영되어 보고 왔더니 두 편 모두 천만 관객을 돌파했다고 한다. 모두들 저승의 세계에서 자유롭지 못하다는 사실을 반증하는 것 같다.

## 새로운 길을 찾다

4학년 1학기의 시창작론 출석 시험에서 '원형 이미지를 사용한 산문시를 10행 이내에 작성하라'는 문제가 출제되었다.

〈달의 무심〉

요양병원에서 정월 달빛 좋은 밤에 급한 연락이 왔다, 허둥대는 머리에 차디찬 은백색이 부서져 내린다

숨을 쉬려는 안간힘 들숨의 폭 좁음 고통도 이런 고통이 없다, 잠시라도 더 잡고 싶은 심정이 체념으로 변하는 순간

엄마 귀에 가만히 "엄마, 잘 가세요" 속삭이는 딸의 흐느낌

손에 쥔 가루 곱게 뿌리며 좋은데 가시라는 딸의 속울음

칠칠재 백발 배 온몸 던져 엄마의 명복을 비는 딸의 애끓음 또 다른 딸이 보내온 초음파 영상, "엄마, 아기가 집을 참 예쁘게 지었지?" 전생의 무슨 끈이 이리도 질긴가?
오늘도 까만 하늘엔 달만 무심히 떠 있다

집에 와서 아내에게 적어 낸 내용을 보여주니 눈물이 앞서서 읽을 수가 없다고 한다. 7년간의 긴 병수발과 어머니를 여읜 슬픔에 심신이 오롯이 지친 아내를 위로하고자, 시간을 쪼개어 잠시 동남아 여행을 다녀왔다.

이제 마지막 학기를 맞이했다. 과제물 네 과목 중 두 과목이 페미니즘과 관련되어 있다. 그중 ≪국문학연습≫은 진채선과 나혜석을 비교 분석하는 내용이다. 조선조의 신분제와 가부장적 사고가 잔재하던 시기에, 관기의 신분으로 남성이 장악한 소리판에서 최초의 여류 명창이 된 진채선. 신여성이자 최초의 여성 서양화가인 나혜석의 자화상과도 같은 작품 〈경희〉를 통해, 남성 우월주의의 사고가 여성에게 얼마나 큰 족쇄였는지, 성 평등의 사회가 왜 중요한지를 깊이 성찰하게 하였다.

듀이J. Dewey는 "인간의 삶은 새로운 경험의 과정이며, 새로운 경험으로 계속 성장하지 못하는 삶은 이미 살아 있는 삶이 아니다."라고 했다. 인간은 살아 있는 동안은 계속 배우고 발전해 나가야 마땅하다는 뜻으로 받아들여진다.

부침과 굴곡이 있는 긴 공직생활을 완주하고 나니, 에너지를 다 소모해서 그런지 꼭 바람 빠진 축구공처럼 매사에 의욕이 없었다. 그래서 새로운 일에 도전하기보다는 그저 주어진 조건에 만족하며 애써 편한 것만 찾으려고 했는지 모른다. 모처럼 국문학이란 고급스러운 재질로 텅 비어 있는 속을 채워 나가니 이제야 또 다른 삶을 살아가는 것 같다.

처음 시작할 때는 중도에 그만 둘지도 모른다는 스스로의 불신으로 가득했었다. 그래도 꾸역꾸역하다 보니 이제 졸업이 눈앞에 와 있다. 젊지 않은 나이에 배우고자 하니 어려움이 왜 없었겠냐마는 공부에 남다른 열정으로 임했더니, 편입한 이후로 상위 7%에게 주는 성적 우수 전액 장학금을 단 한 차례도 놓친 적이 없다.

한편, 글쓰기는 여전히 큰 벽을 마주한 기분이다. 각종 공모에는 낙선을 거듭하고 있고, 지역대학 문예지에만 등단한 작가들 사이에서 미숙함을 맘껏 뽐내고 있다. 그래도 이런 모자란 점을 메꿔 줄 학문이 눈앞에 있다는 것에 안도하며, 남은 학기 마무리를 잘해서 이렇게 늦게나마 배움의 길로 들어선 것이 내 인생의 마지막 잘 한 일로 남았으면 하는 바람이다.

부산지역대학에서 발간한 문예지 ≪낟가리≫에 수록된 졸작을 소개하면서 늦깎이 대학생활의 기록을 마감하고자 한다.

〈가을바람〉

뒷산 // 가을바람 소리 / 쓱 쏴악 // 꿀밤 떨어지는 소리 / 툭 투둑 // 갈색 줄무늬 옷 다람쥐 / 귀 쫑긋 // 하얀 억새는 / 사알랑 살랑 // 가을볕에 졸던 살모사 / 슬그니 꼬리를 감춘다

# 나르키소스와 에코 그리고 항아

사람마다 차이가 있겠지만, 육십 줄 후반에 접어들면 체력이 받쳐주지 않아 책상머리에 오래 앉아 있을 수가 없다. 무리하면 치질이 재발해서 예민한 부분을 도려내는 아픔을 재현해야만 한다. 그리고 책을 오래 보면 눈앞이 침침하고, 나중에는 꼭 눈알이 빠져나가는 것 같은 극심한 고통에 시달릴 것이다.

결정적인 것은, 외운 것은 열흘만 지나면 머릿속에서 감쪽같이 사라지고 없다는 사실이다. 그래서 다시 펼쳐보면 날것을 보는 것처럼 신선함을 준다는 게 웃고픈 현실이다. 그래도 끈기 있게 책장을 세 번씩 넘기다 보면, 그나마 비슷하게 마킹은 할 수 있을 정도다.

객관식은 형편이 나은 편에 속한다. 모르면 찍으면 되니까. 그런데 출석 수업에 뒤따르는 주관식은 뭔가로 백지장을 채워나가야 하니까 정말 난감하다. 유행가 가사를 적거나, 하얗게 변한 머릿속처럼 빈 답안지를 낼 수도 없고.

그래도 형편이 제일 나은 게, 이제 요령이 붙어서 그런지 책과 자료를 마음껏 펼쳐놓고 하는 과제물이다. 이와 같이 편한 마음으로 작성하는 방송대 ≪구비문학의 세계≫의 과제물은 "외국의 신화 2편을 선택하여 소개하고, 신화의 의미 등에 관하여 서술하라."는 내용이다.

## 1. 머리말

가) 어릴 적에 어머니는 잠잘 시간이 되면 이야기보따리

를 잘 풀어놓았다. 그 보따리에는 천일야화보다 더 많은 이야기들로 가득했는데, 한번 보따리를 풀어 놓으면 끝이 없었다.

돌이켜 보면, 어머니의 이야기는 설화의 전통적 분류법인 신화, 전설, 민담의 3분법 중, 치악산 지명의 유래와 같이 현실에 실마리가 남아 있는 전설적인 것과 '옛날 옛적 호랑이 담배 피우던 시절에'로 시작하는 민담에 가까웠던 것들이다.

옥황상제와 선녀 같은 신화적인 이야기는 그 보따리에 들어 있지 않았다. 단지, 봄에 바람이 심하게 부는 날이면 영등할머니를 들먹이던 기억은 난다.

자라면서는, 라디오에서 구수한 목소리의 성우들이 전하는 〈전설 따라 삼천리〉라는 프로그램으로, 나중에는 텔레비전에서 방영되던 〈전설의 고향〉을 통해 어머니의 등골 오싹한 이야기를 재생하는 재미를 느꼈었다. 이런 프로그램이 장수할 수 있었던 것은, 실재하는 지명이나 자연물의 기원과 같은 전설을 근거로 하여 꼭 사실처럼 꾸몄기 때문이다.

사실 신화라고 하면 단군이나 주몽과 같은 건국신화와 '김알지', '석탈해'와 같은 시조 신화는 익숙하지만, 그리스 신화와 같이 신들과 영웅들의 이야기가 주류를 이루고 있는 외국의 신화는 잘 알려진 것 외에는 그렇게 친숙하지가 않다.

나) 선택한 외국의 신화 2편은 신화를 규정하는 세 가지 측면, 즉 ① 신에 관한 이야기, ② 자연현상이나 사회현상의 기원과 질서를 설명하는 이야기, ③ 신성시되는 이야기 중에서, ② 자연현상의 기원을 설명하는 이야기를 중심으로 선정하였다. 한 편은 이미 공부한 그리스 로마의 신화에서, 다른 한 편은 중국의 신화에서 자료를 찾아 구성하였다.

## 2. 나르키소스와 에코

가) 그리스 로마의 신화는 제우스와 헤라로 상징되는 올림포스의 신들과 헤라클레스와 페르세우스 같은 영웅들이 인간들과 부대끼면서 만들어내는 이야기이다. 이 신화의 시대는 트로이 목마로 잘 알려진 영웅 오디세우스가 죽으면서 막을 내린다. 여기서 이야기하고자 하는 것은 이런 신들과 영웅들의 큰 이야기가 아닌 자연현상의 기원과 같은 작은

이야기이다.

나) 오비디우스는 기원전 1세기 말에서 서기 1세기에 걸쳐 로마에서 활동했던 시인이다. 그가 창작한 ≪변신이야기≫는 '변신'이라는 주제로 여러 이야기들을 연결해 놓은 것이다.

나르키소스Narcissos(보통 프랑스어 이름 '나르시스'로 잘 알려져 있다)는 자신의 모습에 도취되어 아무 일도 하지 못하고 결국 시들어 죽었다는 인물이다. 한데, 오비디우스는 그의 이야기를 에코Echo라는 요정과 연결해 놓았다. 이와 같이 변신이야기는 서로 연관이 없는 이야기들을 '변신'이라는 주제를 이용해서 함께 모으고 서로 이어붙인 것이다.(강대진, "그리스 로마 서사시", 북길드, 2007.)

신화의 내용은 대략 다음과 같다.

하루는 제우스가 요정들과 즐기고 있는 현장에 헤라가 나타났다. 에코(메아리)는 그녀를 붙잡고 수다를 떨면서 요정들이 달아날 시간을 벌어 주었다가, 헤라에게 자기 스스로는 말을 온전하게 하지 못하고 상대의 말 마지막 부분만 반복할 수 있는 벌을 받게 된다.

이런 장애를 지닌 에코가 모두가 사모하는 미남 청년 나르키소스를 사랑하게 되었다. 그는 여성과의 사랑에 관심이 없었는데, 에코가 그의 소리를 되울리는 것을 듣고는 친구인 줄 알고 부른다.

에코는 자기 사랑이 받아들여진 것으로 착각하여 나섰다가 바로 배척된다. 수치심에 사로잡힌 그녀는 동굴 속에 몸을 숨기고 사그라지다가 결국 거기 목소리만 남게 되었다.

한편, 나르키소스는 물에 비친 자기 모습을 보게 되고, 그 모습과 사랑에 빠져 물가를 떠나지 못한 채 시들어 가다가 결국 수선화로 변한다.

오비디우스는 전적으로 자신에 몰두하는 인물과 전적으로 타인에게 몰두하는 요정이 비슷한 종말을 맞는 것으로 그려 놓았다.(강대진 · 이정호, "신화의 세계", 방송대 출판문화원, 2011.)

다) 우리는 산에 올라가서 두 손을 모아 "야호!" 하고 소리를 지르면, 그 소리가 메아리로 되돌아오는 경험을 했을 것이다. 이것의 과학적 원리는 간단하다. 산이나 골짜기에 부딪쳐서 시간을 두고 되돌아오기 때문이다.

이런 과학적 원리보다도, 헤라의 저주를 받아 남의 말의 마지막 부분을 반복하는 장애를 갖게 된 것과 자기애에 빠진 나르키소스에게까지 배척되어 동굴 속에 틀어박혀 사는 요정으로 변신할 수밖에 없었다는 이야기는 자연 현상을 비극화한 슬픈 이야기에 해당한다.

또한 수선화는 추운 겨울의 한기를 이기고 이른 봄에 피어나는 꽃으로, 꽃말은 '자기 사랑, 자존심, 고결, 신비'이다. 요즘의 젊은 세대는 이런저런 이유로 결혼을 포기하고, 혼자 사는 길을 택하는 경우가 많다. 신화의 인물인 나르키소스가 환생하여 자기애에 빠져 사는 것은 아닌지 하는 의구심마저 들게 한다. 그렇더라도 부디 에코와 같은 비극의 희생물은 만들지 말았으면 한다.

## 3. 달 속의 항아와 옥토끼

가) 자연신화는 아주 오랜 시절, 인류가 이 지구상에 생존할 때부터 함께 해 온 신화로 보인다. 원시인이 수렵을 하고 농경생활을 하고 바다에서 고기를 잡는 것들은 태양과 달,

바람과 구름, 강과 같은 자연의 이치에 순응하면서 살아가는 일이기 때문이다.

따라서 황하문명으로 일컬어지는 중국의 고대 문명은 농경생활이 삶의 방편이었고, 자연신에 대한 상상은 놀랍도록 풍부하다.

태양신 희화羲和, 달의 신 상희常羲와 항아姮娥, 별의 신 견우와 직녀, 비의 신 우사雨師, 구름의 신 운사雲師 등 천체·기상의 신들과 수많은 산신들. 그리고 황하의 신 하백河伯, 상수의 여신 아황娥皇과 여영女英 등 수많은 강의 신이 있기 때문이다. 여기에서 우리 고대 건국신화와 관련된 우사, 운사, 하백 등의 신들도 눈에 띈다.(정재서, "중국 신화의 세계", 돌베개, 2011.)

나) 중국신화에는 해의 신과 달의 신이 모두 여성으로 상상된다. 달을 낳고 주재하는 여신 상희와 달 속에 거주하는 유명한 여신 항아의 이야기를 요약하면 다음과 같다.

어떤 여자가 지금 달을 씻기고 있다. 제준의 아내인 상희가 달을 열두 개 낳아 여기에서 처음으로 그것들을 씻겼다.

有女子方浴月, 帝俊妻常羲, 生月十有二, 此始浴之.

항아는 예의 아내였다. 예가 서왕모에게 불사약을 청해 얻었는데, 아직 복용하기도 전에 항아가 그것을 훔쳐 먹고 신선이 되어 달로 도망가 달의 정령이 되었다.(정재서, 앞의 책)

우리가 어릴 때 부르던 반달 동요의 가사 "푸른 하늘 은하수 하얀 쪽배에 계수나무 한 나무 토끼 한 마리…."가 언뜻 생각나는 신화이다. 음력으로 달이 열두 달인 점을 들어 상희가 달을 열두 개 낳았다고 하고 있다.

이 신화를 지배하는 것은 불사에 대한 상상이다. 달은 생성 소멸을 주기적으로 반복하기 때문에 그 자체로 불사의 화신이며, 달 속에 있는 계수나무, 옥토끼 등도 이러한 불사의 상징체계에 속하는 사물(정재서, 앞의 책)이라고 하고 있다.

우리가 정월 대보름에 달이 떠오르면 두 손을 모아 비는 것도, 또 팔월 한가위를 민족의 명절로 정해 기리는 것도, 이러한 중국의 달에 대한 신화와 무관하지 않아 보인다.

우리 마음속에 떠있는 달은 돌아가신 그리운 분들과 공유해 온, 이미 불사의 신과도 같은 존재인지도 모른다.

## 4. 맺음말

앞에서 소개한 외국의 신화 2편 중, 우리에게 정서적으로 친밀감을 주는 중국의 신화와 달리 그리스 로마 신화는 왠지 많이 낯설다.

올림포스의 주신인 제우스가 바람을 피우고, 또 그것을 현장에서 적발하려는 헤라 여신의 질투가 결국 불쌍한 에코를 만들고 하는 일련의 이야기가 우리의 유교적 정서와 맞지 않는 이유도 있을 것이다.

그뿐만 아니라 신성시되어야 할 신에 관한 이야기가 희화화되어 실소를 금할 수 없게 하는 것은 한국인이 그리스 신화를 신화로 인정할 수는 있어도 신화로 느끼지는 않는 부분과 일맥상통한다.(서대석 · 박종성, "구비문학의 세계", 방송대 출판문화원, 2013.)

그런데 신화는 사람이 만들고 사람이 입으로 전하는 이야기이다. 현대의 우리가 전쟁에 자주 동원되어 뭔가에 기대고 싶어 하는 고대의 그리스인이 될 수 없듯이, 신화는 그 시절의 정서가 반영된 이야기로 이해해야 한다. 그 시절의 이야기를 지금의 과학적 잣대로 평가를 한다면, 그것은 신화를 이해하는 바른 자세가 아니다.

나르키소스의 이야기는 지금의 젊은이들이 결혼을 기피하는 현상과 같을 수도 있겠다. 그렇다 하더라도, 이 신화가 비극으로 결말짓는 부분을 이 시대의 젊은이들이 간과해서도 안 될 것이다.

어쨌든 중국의 신화는 친밀감이 있고 그리스 신화는 재미가 있다.

## 동행

1

"이 세상 모두 우리 거라면 … 뒤돌아보면 그리운 시절 … 돌아가고파, 사랑하고파, 아아 잊지 못할 여고 졸업반."

1975년에 발표된 '여고 졸업반'이라는 노래다. 남자가 들어도 아련한 향수에 젖게 한다.

오늘은 여고시절로 돌아가고픈 아내와 친구, 그 감성에

공감하는 남편들이 2박 3일 일정으로 오사카 여행을 떠나는 날이다.

서둘러 택시를 타고 김해공항으로 가니, 해운대 사는 친구가 가까운 우리보다 먼저 와 있다. 남편인 최 선생은 건설기술자로 나보다 한 살 아래다. 딸내미 결혼식 때 얼핏 보고 오늘이 두 번째 만남이다.

출국 수속을 밟고 아내가 면세점에 들러 주문한 물품을 찾는다. 해외여행 때마다 공식처럼 반복되는 일이다. 마나님들의 여행 목적이 뭔지 여전히 아리송하다.

탑승하고 1시간 20분 정도, 정말 숨을 한번 크게 들이쉬고 나니 오사카 국제공항이다. 거리상으로는 가까운 이웃나라임에 틀림이 없다.

사전 검색한 예보대로 비가 조금 추적거린다.

"내가 가면 비가 멈춘다."

버스에 탑승한 일행 중 누군가의 호언장담에 맞춰 거짓말처럼 비가 그치고 잔뜩 찌푸린 날씨로 변한다. 가이드의 말에 의하면 오사카는 일본의 제2의 도시로 부산 정도로 보면 된단다.

처음 일정은, 시내로 들어가는 길목의 논 한가운데에 덩그러니 자리한 뷔페식당에서의 조식 겸 중식이다. 나는 주 메뉴인 돼지고기구이보다 일본식 초밥(일명 스시)을 주로 먹었다. 라면과 우동도 끓는 물에 삶아 육수를 부어서 곁들였다. 얼핏 감지되는 기운은 뭔가 단출한 듯 잘 짜여 있어, 낭비 자체가 부도덕처럼 느껴진다는 점이다.

다음 코스로 이동하는 차창에 선뜻 비껴가는 가옥들은 대부분 깔끔한 2층 단독주택이다. 가이드의 말에 따르면 1층은 주방과 욕조, 2층은 다다미를 깐 침실로 되어 있단다.

이쯤에서 가이드의 자기소개가 있었다. 가이드는 조금 덩치가 있는 남자로 나이는 지천명을 넘어섰다고 한다. 사립학교 교원을 거쳐 서면에서 학원 강사를 하다가, 일본어를 할 줄 아는 게 계기가 되어 아르바이트 삼아 관광업계에 발을 들여놓게 되었단다. 처음에는 수입도 엄청 좋고 여행 다니는 재미도 쏠쏠하여 강사도 그만두고 전업한 일이 이렇게 속절없이 세월만 흘렀다고 한다. 슬하에 대학 다니는 애가 둘이라고 이야기할 때에는 조금 후회하는 빛도 비친다. 겪어보니 일본 문화사와 한국사에 대해서는 정말 박학

다식하다.

일정을 대략 소개하면서 쇼핑할 때 착안할 점도 덧붙인다. 일본은 2차 세계대전 중에 만주 주둔 관동군 731부대에서 조선인, 중국인, 몽골인 등 일명 마루타를 이용한 생체실험의 만행으로 의약품만은 세계적 수준을 자랑한다고 한다. 친지에게 의약품 구입을 의뢰받았는데, 그 말을 듣고 나니 씁쓰레한 기분을 떨칠 수가 없다.

도착한 곳은 유명한 온천 목욕탕이다. 규모와 욕조의 다양함이 돋보인다. 여기서 유의할 점 하나, 남자 탕에는 옷을 입은 여자 때밀이가 있다는 사실이다.

다음은 부산으로 치면 수영천쯤 되는 곳에 유람선을 띄워 놓고 주위의 경관을 관람하는 도톤보리로 이동했다. 물은 탁한데 냄새는 나지 않는 이상한 하천에, 동승한 해설사가 마이크로 주변 정경을 설명한다. 물론 일본어로 하니까 소음 수준이다. 하천 주변은 낡고 오래된 아파트가 대부분이다. 자갈치시장을 자주 찾는 입장에서는 특별할 게 하나도 없다. 짧고 싱거운 유람을 마치고 나니 자유 시간이 주어진다.

우리는 이곳저곳을 구경하다가 돌아오는 여러 갈래에서 그만 길을 잃고 말았다. 공교롭게도 포켓 와이파이의 배터리 소진으로 일본어 회화 애플을 깔아놓은 휴대폰까지 먹통이다. 결국 현지인에게 몸짓, 손짓으로 길을 물을 수밖에 없었다. 정해진 시간에 가까스로 도착하니 온몸에 땀이 흥건하다. 여기서 얻은 소득은 말은 안 통해도 만국 공용어인 몸짓은 통한다는 사실을 직접 체험한 것이다.

저녁은 가이드가 1인당 1,000엔(10,000원)을 나누어 주면서 자유롭게 끼니를 해결하라고 한다. 호텔에 도착해서 바로 밖으로 나가 주위를 둘러보니, '아뿔싸!' 여기는 밤 8시만 되면 식당이 문을 닫는단다.

혹시나 하고 헤매다가 그 시간에도 문을 연 단 한곳을 찾아서 들어갔다. 말이 통하지 않으니 소심한 나와 달리 대범하고 도전 정신이 강한 최 선생이 나설 차례다. 일본어로 된 자판기로 주문지를 뽑아 우동을 시켰다. 그런데 소금이 너무 들어갔는지 면 외에는 도저히 먹을 수 없을 정도로 짜다. 결국 허기진 배를 움켜쥐고 숙소로 돌아와서 물만 들이킬 수밖에 없었다.

이날의 소회를 정리하여 애들에게 문자로 보냈다.

“아들, 딸! 너희들 작고하신 할아버지, 할머니는 일제 강점기에 먹고살기 위해 일본에 건너가서 생활하다가, 해방이 되자 바로 귀국한 것으로 들었어. 이곳에 오니 부모님 생각도 나고 감회가 새롭구나. 하루밖에 지나지 않았지만 일본의 문화는 규모는 작아도 아기자기하고 꽉 짜여 있는 느낌이야. 우리가 보기에는 여유가 없어 보이고, 뭔가 부족한 그런 것. 호텔의 침실은 딸내미 방처럼 자그마한데, 욕실은 거실만 하여 잠시 어리둥절하게 만드는 것들.”

“우리→남의 눈치를 보는 허세와 체면치레 강함,

일본→왠지 실속 위주일 것 같음.”

## 2

둘째 날의 낮의 여정은 애들에게 보낸 문자로 대신한다.

“아들, 딸! 오늘은 좀 많이 걸었어. ‘청수사’라고 화려한 원색으로 치장한 일본 불교 사찰과 넘어지면 2~3년 안에 큰 재앙이 온다는 니넨자카와 산넨자카. 그리고 일본 왕의 신사를 모셔 놓은 곳, 대나무 숲, 도시철도 객차를 야외에 진열한 곳과 기모노 옷감 만드는 곳 등을 걸었더니 많이 피곤하구나. 날씨는 가는 비가 살짝 오다가 햇볕 났다가 하지만, 더운 여름에 여행하기엔 오히려 적당한 날씨야."

저녁에는 도톤보리 번화가에 있는 회전 초밥집에 들렀다. 한 접시에 1~2개씩 담긴 초밥이 100엔이라고 한다. 어차피 여행사에서 지급하는 것이라 혁대를 풀어놓고 열 접시 넘게 먹었다. 거기에 자부담으로 한 잔에 500엔씩 하는 생맥주까지 들이키고 나니, 정말 배가 터질 것만 같았다.

잠시 짬을 내어 주변에 있는 약 판매점에 들러 친지들에게 선물할 약을 구입했다. 차를 타고 숙소에 복귀하니 여독이 한꺼번에 몰려온다. 호텔 앞에 있는 편의점에서 생맥주 캔을 하나 사서 아내와 나눠 마신 후, 세상모르게 코를 골면서 잤다.

## 3

마지막 날은 아침부터 비가 추적거린다. 이 비는 나라에 있는 사슴공원에 가서도 계속 되었다. 잘 길들여진 1,100마리가량의 사슴들을 방목 중이라고 한다. 공원 안으로 들어서니 세계 최대의 목조건물인 '동대사'가 중앙에 자리하고 있다. 오래된 구조물은 채색이 낡아서 우중충한 데다, 내리는 비에 사슴 오물 냄새까지 묻어나서 기분이 썩 유쾌하지가 않다.

그중 큰 기둥의 밑동을 파서 사람이 겨우 통과하게 만든 곳이 있었다. 구멍을 관통하여 새로 태어나면 아픈 데가 없어지고 건강하게 산다는 소문에 관람객들의 줄이 어디까지나 늘어져 있었다.

허리가 아픈 아내와 호기심 많은 최 선생은 좁은 구멍에서 재탄생되어 나왔다. 나와 아내의 친구는 시도 자체를 하지 않았다. 나는 아픈 데가 없을뿐더러 다시 태어나서 산다는 게 귀찮아서이고, 친구는 들어가면 몸이 박혀서 못 나올까 봐 겁이 나서다.

밖에 나오니 질척거리던 비가 그쳐가고 있었다. 사슴은 사람을 보자 절하듯이 고개를 두 번 조아리면서 다가와 먹을 것을 요구한다. 사람들은 그런 습성을 이용해 먹이로 유혹하여 사진을 찍었다. 나와 아내도 사진을 찍었지만 두 번 절하는 것은 죽은 사람에게만 하는 짓인데, 조련사가 뭔가 잘못 가르쳤다는 생각이 들었다.

오사카 성으로 가는 길목에서 순두부로 점심 겸 저녁을 먹었다. 그새 입에 익은 구수하고 상쾌한 생맥주도 한 컵 곁들인다. 그리고 바로 오사카 성으로 이동했다. 다음은 차량 이동 중에 가이드가 해준 이야기다. 물론 쏟아지는 졸음으로 비몽사몽간에 들어서 전달이 정확하지 않은 점 미리 양해를 구한다.

"그 시절의 일본은 신분이 세습되는 시기였다. 도요토미 히데요시는 미천한 집안 출신이라, 일본 천하를 지배하고 통치권을 행사할 군주가 될 신분 자체가 아니었다. 추운 겨울날, 주군이 외출할 때 신발(게다)을 따뜻하게 하려고 품에 품고 있다가 깜빡 잠이 들었다. 때마침 밖에 나온 주군 오다 노부나가의 눈에 들게 되었다. 천신만고 끝에 후계자가 된 그는 온갖 수단과 방법을 동원하여 일본 천하를 통일했다."

(참고로 토요토미 히데요시는 원숭이 상像을 하고 있었다.)

이어진 '원숭이 사위' 이야기.

"장성한 딸을 셋 가진 기무라는 넓은 돌밭을 개간하고 있었고, 그 돌밭 근처 큰 나무에는 원숭이 한 마리가 살고 있었다. 기무라는 돌을 포대에 담아 와서 큰 나무 아래에 버리고는 매번 이렇게 중얼거렸다.

'이놈의 밭에 있는 돌을 깨끗이 치워 주면 아무나 내 사위로 삼을 텐데….'

매일 와서 습관처럼 하는 이야기를 듣던 원숭이 놈이, 하루는 술이 잔뜩 취해서 똑같은 말을 되풀이하고 있는 기무라에게 물었다.

'내가 만약 저 돌밭을 깨끗이 정리해 주면 정말 딸을 내게 줄 거냐?'

기무라는 웬 같잖은 원숭이 놈이 되지도 않을 소리를 지껄이니까 술김에 '그러마!'고 했다.

그렇게 얼떨결에 체결된 약정으로 원숭이 놈은 동료 원숭이들을 모두 불러들여 순식간에 땅을 깨끗이 개간하게 되었고, 기무라는 꼼짝없이 원숭이를 사위로 맞을 처지에 놓이고 말았다.

그래서 큰딸에게 사정 이야기를 하였더니 '싫다.'고 했고, 둘째 딸도 '싫다.'고 했는데, 막내딸이 '하겠다.'고 한다. 그 대신 개간한 땅을 모두 자기에게 달라고 한다.

그렇게 해서 막내딸이 원숭이를 접견하게 되었더라는 말씀. '나와 결혼하려면 나무를 잘 타는지 내가 내는 시험에 합격을 해야만 한다.'

원숭이도 나무 타는 것쯤은 본래 자기 종족의 특기라 흔쾌히 승낙을 하고 '어떻게 하면 되느냐?'고 물었다.

나무 타는 조건은 꼬리에 돌절구를 묶고 나뭇가지에서 그네를 얼마간 타는 거란다.

그렇게 해서 예비사위는 막내딸이 지정한 낭떠러지에 뻗은 나무로 가서, 절구를 꼬리에 꽁꽁 묶은 채로 나뭇가지를 잡고 좌우로 흔들며 그네를 타기 시작했다.

그런데 '아뿔싸!' 나무가 절구의 무게를 못 이기고, 큰 줄기에서 갈라진 부분이 바지직거리며 곧 부러지려고 하는 게 아닌가.

원숭이가 다급하게 꼬리에 묶인 절구를 풀려고 하였으나, 막내딸이 워낙 단단하게 매어 놓은 터라 그만 풀지 못하고 부러진 나뭇가지와 함께 절벽에서 떨어져 죽었더라는 말씀."

가이드가 물었다.

"누가 더 악질이냐?"

우리는 당연히 원숭이를 죽게 한 막내딸을 지목했고, 다음은 되지도 않을 약속을 한 기무라를 지목했으나 가이드의 답은 달랐다.

'원숭이'가 제일 악질이란다. 이유는 일본은 사무라이 정신이 뿌리박혀 있어 이긴 자가 곧 선이요 법이란다.

남의 문화를 탓할 생각은 없지만, 애꿎이 죽은 원숭이에게 진정 어린 사과의 말 정도는 해야 하는 게 도리가 아닌가.

이야기가 끝나자 임진왜란을 일으켜 반도를 유린한 도요토미 히데요시가 살았던 오사카 성에 도착했다. 언제 비가 내렸냐는 듯 햇볕이 쨍쨍 내리쬐고 있었다.

성 입구에 서니 우선 규모가 대단하다. 호를 깊게 파고 물을 잔뜩 채워 놓았다. 섣불리 접근이 어려울 것 같다. 돌로 쌓아 놓은 성벽도 높고 견고하다. 이런 배포 있는 인물에 대한 평가가 어떻게 하면 그렇게 극명하게 엇갈릴 수 있을까. 다시는 당파싸움으로 비극의 역사가 되풀이되는 일이 없었으면 하는 마음이 간절했다.

3층 전각 아래에서 사진을 찍고 그늘진 곳에 앉아 담소를 나누다가 다시 버스를 타고 이동했다. 오사카 공항 근처에 있는 면세점에 들러 아내에게 흰색으로 된 게르마늄 팔찌를 선물하는 것으로 숨 가쁘게 달려온 일본에서의 여정을 마감했다.

1시간 남짓 비행 후 김해공항에 도착하여 일사천리로 수속을 끝마치니, 덩달아 방송대 하계 방학도 벌써 끝난 기분이다.

3일간 일본의 역사와 야사를 소개해 준 사람 좋은 가이드와 작별을 고한다. 최 선생과도 후일을 기약했다. 아직도 소녀적 감성을 간직한 마나님들 덕분에 여행의 참맛을 알게 된 것 같다. 인생이란 쉽지 않은 길을 한결같은 우정으로 동행해 온 두 여고 동창생에게 아낌없는 갈채와 성원을 보낸다.

마중 나온 아들 차로 편안히 귀가하여 간단하게 짐 정리를 하고 잠자리에 들었다. 잠시 후, 가물거리는 의식 속으로 내일은 시집간 딸내미가 친정 나들이를 한다는 이야기가 아스라이 들려왔다.

# 길벗

직장 동료는 삶의 동반자다. 피 끓는 청춘과 늙음을 함께해서 그렇고, 희로애락喜怒哀樂을 같이 해서 그렇다. 앞서기 위해 치열한 경쟁을 하지만 길게 보면 자기발전의 디딤돌이 된다는 데에는 이견이 없다.

오늘은 현직에 있을 때 부산의 또래들을 중심으로 발족한 친목회의 정기모임 일이다. 당초 20명으로 시작했으나 고인이 되거나 자진 탈퇴한 회원이 있어 현재는 18명이다. 국가

공무원의 특성상 전국 각지에 흩어져 살고 있어 평소 참석률이 좋지 않다. 그래서 신임 총무가 참석이 어려운 회원을 배려하자며, 은퇴해서 고향인 전북 부안으로 내려간 회원을 1박 2일 일정으로 직접 찾아가는 길이다.

지하철 2호선 냉정역 앞에서 차를 렌트해 온 총무까지 일곱 명이 길을 나선다. 휴게소 2곳을 들르는 외에는 4시간여를 숨 가쁘게 달려 고창의 풍천장어구이 집에 도착한다. 부안 사는 절친한 친구가 중후한 모습으로 내 앞에 서 있다. 무려 4년 만의 만남이다. 얼마나 반가운지 코끝이 찡해온다. 모두들 둘러앉아 민물 장어와 복분자주로 쌓였던 회포를 풀었다.

자리를 털고 일어서서 허리띠를 느슨히 하고 찾아 나선 곳은, 철은 지났지만 동백꽃이 유명한 천 년 고찰 선운사. 계곡을 끼고 있는 숲길을 따라 선운사 도솔암 마애불을 들렀다 오니 취중이라 땀이 비 오듯 한다. 선걸음에 부안군청으로 이동하니 진주에서 기관장으로 근무하는 회원이 와 있다. 합천 집안 결혼식과 고교 동창회에 들렀다 온다고 늦었단다. 이렇게 모이기로 한 아홉 명의 성원이 이루어진다. 정

회원의 딱 반이 모여 정식 모임으로 인정됨과 동시에, 총무가 경비 지출의 정당성을 확보하는 순간이다. 아무도 항의할 회원은 없겠지만.

뒤에 합류한 회원들의 차는 휴일이라 텅 빈 부안군청 앞 주차장에 세워뒀다. 렌트한 15인승 승합차만 움직여 인근의 어패류 시장에서 이것저것을 사서 오늘 밤을 지낼 마을회관으로 이동한다. 산골 입구에 자리한 마을회관은 상상했던 것 이상으로 번듯하다. 화장실이 딸린 방 두 칸에, 20명도 너끈히 누울 수 있는 넓은 거실, 잘 갖추어진 주방기기들까지. 모두들 대만족이다.

잠시 짐 정리를 하고 준비해 간 횟감으로 술판을 벌인다. 지나온 이야기들을 나누다가 바람을 쐬러 잠시 밖으로 나섰다. 도시에서는 사라진 별들이 밤하늘에 빼곡히 들어차 있다. 순간 잃어버린 세계를 찾은 것처럼 가슴이 벅차오른다.

거의 11시가 다 된 시간에 옛날 고스톱 멤버들이 모처럼 작당을 하고, 나와 회장은 바둑을 둔다. 알파고의 영향으로 훈수 두는 관중까지 있다. 새벽녘이 다 돼서야 남자들의 수다도 끝이 났다.

거실과 방에서 대략 선잠을 자고 6시쯤 기상했다. 어제 사온 대합으로 국을 끓여 해장을 한 후, 차에 짐을 싣고 바로 지척에 있는 내변산 국립공원으로 이동했다. 아침 산보로는 적당한 거리를 걸어 직소호, 직소폭포를 먼발치에서 바라보니 물안개가 신비롭게 피어오른다. 산에서 내려와 차로 장소를 옮겨 바지락 죽으로 아침을 해결했다.

겹겹이 층을 이룬 채석강과 넓게 펼쳐진 새만금, 거대한 풍력 발전기를 보고 난 뒤, 친구의 새 보금자리를 보러 갔다. 아담한 2층 주택. 앞면의 텃밭에는 갖가지 채소들이 심어져 있고, 뒤뜰의 오디나무에는 검은 열매가 주렁주렁 매달려 있다. 전원생활田園生活이란 이를 두고 하는 말일 것이다.

다시 내소사로 이동하여 건축양식이 정교하다는 대웅전을 둘러보고 내려오다가 목이 칼칼하여 주차장 인근의 식당에 잠시 들렀다.

막걸리를 앞에 놓고 회장이 건배사를 하겠다고 기세 좋게 일어선다.

"자, 잔을 높이 들고 내가 당나귀 하면 따라서 '당나귀' 하시오."

우리는 무슨 특별한 건배사를 할 줄 알고 잔뜩 기대를 하고 있다가, "에이" 하고 김빠진 소리로 마지못해 "당나귀" 한다.

"이거 뜻풀이 한번 해보쇼."

오 회장께서 대단한 일을 한 것처럼 목에 잔뜩 힘을 주고 답을 요구한다.

누가 볼멘 톤으로 핀잔을 준다.

"그거 당신과 나와의 귀중한 만남을 위하여 아니오."

회장이 그 보란 듯, 약간 술이 취한 코맹맹이 소리를 내며 새 버전을 소개한다.

"당신과 나와의 귀신도 모르는 만남을 위하여!"

모두들 한 방 먹은 표정이다.

"그럼 남자끼리 방금 한 '당나귀'는 뭔데?"

"뭐긴 뭐겠소. 귀신 씻나락 까먹는 소리지."

이로써 손잡기 예술(춤)의 고수인 오 회장 덕분에 여행의 피로가 싹 날아가고, 이동하는 차 안에서 기가 빠져가는 중늙은이들의 마음에 바람 불어 넣는 소리가 난무했다는 이야기.

마지막으로 소고기 비빔밥 집에서 육회를 넣은 돌솥비빔밥을 고별식告別式 삼아 한 그릇씩 뚝딱했다. 다시 차를 주차해 놓은 부안군청으로 이동하여 친구와 작별을 고한다. 언제 만날지 기약이 없다. 틀에 갇힌 생활을 하다가 회원들 여행 뒷바라지로 신경을 쓴 탓인지 하루 새 얼굴이 핼쑥하다.

이별을 아쉬워하며, 문학도로서 친구에게 시 한 수를 남긴다.

〈부안 기행〉

부안의 밤하늘엔 / 어릴 적 내 친구 / 북두칠성이 떠 있고 // 그 밑 마을회관 거실에는 / 30년 지기들이 / 도란도란 술잔을 기울인다 // 힘센 풍천장어 선운사 도솔암 마애불 / 내변산 직소폭포 선녀탕 / 채석강 새만금 내소사 당나귀 // 친구야 언제 또 이렇게 만나 / 옛이야기하며 술잔을 기울일꼬

우리 차와 진주 회원의 차를 움직여 부안을 떠나간다. 앞서거니 뒤서거니 마이산 휴게소에서 잠시 만났다가, 산청휴

게소에서 다시 만나 진주 회원과도 헤어진다.

이제 마지막 갈 곳, 부산에 도착하여 지하철을 타고 각자 집으로 향한다. 우리 역마살 많은 총무 덕분에 모처럼 친구의 건재함을 보고는 왔지만 정말 피곤하다. 나도 그새 많이 늙은 모양이다.

길벗들이여! 건강하게 영원히 함께 하세나. 다시 만날 때까지 안녕.

# 동물 가족

**동심!** 얼마나 가슴 설레는 말인가. “아이는 어른의 아버지.” 생뚱맞았던 시어詩語를 나이 든 이제야 공감한다. 어릴 적 함께했던 동물들을 추억하며 마음의 고향, 그 동심의 세계로 풍덩 빠져보려고 한다.

## 수탉, 토끼

초등학교 2학년 때쯤이다. 학교를 마치고 교문을 나서니, 늘 같은 장소에서 똥과자를 파는 할아버지 옆에 오늘은 할머니 한 분이 더 앉아 계신다. 아직 초봄이라 쌀쌀한 날씨 때문인지 병아리들이 잔뜩 들어 있는 라면박스에 투명 비닐을 덧씌워 놓았다. 노란 병아리가 삐악거리며 서로 몸 위로 올라가려는 모습이 어찌나 앙증맞고 귀여운지.

나는 한달음에 달려가서 어머니를 졸라 병아리 네 마리 값을 얻어 다시 총알같이 학교 앞으로 왔다. 그새 병아리 파는 할머니가 장사를 접고 갔을까 봐서다. 한쪽에서 졸고 있는 놈은 제외하고, 몸 위로 서로 올라가려고 다투는 놈 중에 밑에 깔리는 놈은 또 제외를 하고, 손위에 올려보아 눈이 초롱초롱한 놈으로 봉투에 담긴 네 마리를 넘겨받았을 땐, 금방 알을 낳는 큰 닭들이 내 손에 있는 것 같았다. 혹시 감기라도 걸릴까 봐 품 안에 안고 내처 다시 집으로 돌아왔다.

먼저 라면박스를 구해 바닥에 신문지를 두 겹으로 깔았다. 쌀집에서 병아리 먹이로 좁쌀을 사고, 물도 조그만 접시에 담아 넣어 주었다. 그리고 따뜻한 아랫목에 신주처럼 모셔놓고 나니, 공부는 완전히 뒷전이었다. 책상머리에 앉았다가 잠시도 못 있고 방바닥에 신문지를 깔고 내어 놓으면, 신문지가 미끄러워 넘어지는 놈, 신문지 밖에 나와 똥을 누는 놈, 온통 난리를 쳐대는 바람에 정신을 차릴 수가 없었다. 그래서 라면박스 속에 다시 가두고 얇은 이불보를 뚜껑 삼아 덮어 놓았다.

저녁이 다 되어갈 무렵, 시골에서 올라와 집안일을 거들던 사촌누나가 부엌으로 난 작은 미닫이문을 열고 고개를 숙인 채로 들어왔다. 그러고는 평소의 습관대로 아랫목 쪽으로 방향을 틀고 발을 들어, 그만 라면박스 위의 이불보를 사정없이 밟아 버렸다. 순간 내가 지른 비명소리와 누나가 뭔가 물컹거리는 것을 밟고 난 뒤 깜짝 놀라 펄쩍 뛰는 행동이 동시에 일어났다.

두 마리는 창자가 튀어나온 채로 즉사하고, 한 마리는 비실거리다가 끝내 숨을 거두고 말았다. 나는 닭똥 같은 눈물을 흘리며 집 앞 언덕 공터에 정중히 묻어주었다. 사촌누나는 미안해서 어쩔 줄 몰라 했으나, 철없던 나는 거기 병아리가 있는 줄 알면서도 어떻게 그쪽으로 올 수 있느냐고 징징거리며 원망만 길게 늘어놓았다.

어쨌든 나머지 한 마리는 별난 생명력으로 끈질기게 살아남았다. 노란 털을 벗고 하얀 날개가 나고 붉은 벼슬이 솟아오르더니, 어느 날 2층에 위치한 우리 집 장독대 위에 서서 천하의 새벽을 알리는 "꼬끼오"를 목청껏 소리 질렀다. 늠름한 수탉으로 성장한 것이다.

이놈은 남다른 생명줄 못지않게 생김새 또한 특이했다. 우리와 이모 집은 담 대신에 장독대를 경계 삼아 나란히 이웃하고 있었다. 이모 집 장독대 앞에는 직사각형으로 생긴 긴 화단이 하나 있었다. 여기에 무슨 까닭에선지 열매가 독성이 강한 찔레꽃같이 생긴 덩굴나무를 심어 놓았다. 이 나무가 자라서 바깥 철망을 타고 넝쿨을 이루며 형형색색의 조그만 열매를 맺었는데, 이놈의 닭이 그 열매를 수시로 따먹었다. 그래서 독이 올랐는지 다리가 퉁퉁 부어서 다른 닭 다리보다 세배는 굵었다.

한때는 싸움닭으로 키워 볼까 하고 고추장 넣은 물을 억지로 입을 벌려 먹여도 보고, 화단에 날아다니는 벌도 잡아서 주기도 하며, 나름대로 지극정성을 다했다. 하지만 이놈은 그딴 것은 상관없었다. 내가 어리다고 깐을 본 것이다.

하루는 학교에 갔다 오는데, 눈도 뜨지 못하는 생쥐가 털도 없이 빨간 몸을 한 채로 길가에 나와 꼬물거리고 있었다. 하도 귀엽고 신기해서 동네 아이들과 같이 우리 집 마당으로 가져와서 빙 둘러앉은 채로 넋을 놓고 보고 있었다. 한데 이놈의 수탉이 갑자기 우리 사이를 비집고 쳐들어온 것이다. 그러고는 아기 쥐를 냉큼 물고서 몇 발짝 가더니, 고개를 절레절레 흔들며 패대기를 쳐서 죽여 버리는 게 아닌가.

우리는 순간적으로 너무 놀라 "깍!" 하고 비명을 지르며 엉덩방아를 찧는 등, 어찌할 바를 몰랐다. 잠시 후 정신을 차린 내가 빗자루를 챙겨 사정없이 후려쳤으나, 이놈은 훌쩍 피한 뒤 장독대 위를 유유히 활보했다. 주인 알기를 개떡같이 생각한 놈이 분명했다.

나중에 입담이 좋은 어머니에게 들으니 닭과 쥐는 본래부터 앙숙이란다. 닭이 집에 들어가서 잠을 자고 있을 때, 쥐란 놈이 살금살금 다가가 닭 목덜미를 이빨로 물어뜯어 모이를 훔쳐 먹으면 닭은 죽을 수밖에 없게 된단다. 진위 여부를 떠나 닭의 입장을 이해하고 수탉에 대한 서운함을 다소 누그러뜨리기는 했으나, 그렇다고 앙금이 완전히 가신 것도 아니었다.

이놈은 나의 불편한 심기 따위는 아랑곳없었다. 잘 때만 제집에 들어가서 자고, 담 없이 이웃한 이모와 우리 집 마당을 온통 휘젓고 다녔다. 닭 팔자로서는 그런 상팔자도 없었다.

어느 날, 우리 집에 식구가 새로 늘었다. 목형 일을 하는 큰형이 나무로 짠 토끼집과 함께 토끼 한 쌍을 사가지고 온 것이다. 빨간 눈을 한 하얀 털의 가족이 한꺼번에 둘이나 늘었다. 그 이후로 방과 후의 내 일과는 엄청 바빠졌다.

우선 어머니에게 토끼를 기르는 기본사항을 숙지 받았다. 토끼는 잡을 때 한 손으로 귀를 잡고, 나머지 손으로 엉덩이를 받쳐서 잡아야 한다. 칡잎, 토끼풀, 쑥 등은 잘 먹으나 배춧잎과 같이 물기가 많은 것을 주면 설사를 하니 조심해야 된다. 새끼를 낳았을 때는 예민해져서 자기 새끼를 잡아먹으니 근처에 얼씬도 말아야 한다는 등.

그날부터 낫을 챙겨들고 근처 산에 칡넝쿨을 걷으러 다녔다. 그런데 한 번 가면 돌돌 말아 가져오는 양이 어린 체격에는 한계가 있어, 보통 사흘 분밖에 걷어 오지를 못했다. 이게 놀기 좋아하는 나에게는 예삿일이 아니었다. 그리고 토끼 똥은 똥글똥글하고 작아서 토끼장 청소에 별문제가 없을 줄 알았다. 그런데 토끼 오줌 냄새가 고약치도 않아서, 큰형이 특별히 제작한 바닥 밑에 서랍처럼 설치된 오물받이를 빼내 물청소를 하고 나면, 그날 저녁은 영 입맛이 없었다.

어느 정도 커서 새끼를 밸 때가 되었다고 판단이 서자, 어머니의 주도하에 토끼 가족 늘리기에 들어갔다. 우선 토끼장 앞 망을 신문지 등으로 가려 어두컴컴하게 하였다. 먹이도 토끼풀 등, 좋은 식재료를 골라 조심조심 주었다. 그러나 아무리 기다려도 감감무소식이었다. 그래서 우리가 암놈이라고 생각한 놈을 동네에 토끼를 전문으로 키우는 집에 데려가서 씨 수토끼에게 수태를 시키려고 하였다. 아뿔싸! 이게 웬일인가. 우리가 가져 간 놈은 암놈이 아니고 수놈이라고 한다. 부랴부랴 나머지 한 놈을 가져가서 감정을 받으니, 역시 그놈도 수놈이란다. 이놈들을 잘 키워서 새끼를 치고, 또 새끼에 새끼를 쳐서 앙골라 털을 깎아 엄청난 부자가 되려고 한 내 꿈이 산산조각 나는 순간이었다.

토끼 키우는 일이 재미없어진 어느 날, 학교에서 돌아오니 토끼장에 토끼는 간 데 없고 빨랫줄에 토끼 가죽만 두 개 덩그러니 걸려 있었다. 내 허락 없이 토끼를 잡은 데 대한 섭섭함은 있었으나 토끼에 대한 애틋한 마음은 없었다. 그날 저녁 가족들이 모여 앉아 볶은 토끼 고기를 먹을 때는 나도 끼어 앉아 한 점 한 것으로 기억된다.

그러나 얼마 후, 내 수탉을 잡아먹었을 때는 엄청 화도 나고 슬퍼서 닭 국물도 먹지 않았다. 아마 한곳에 가둬 키운 토끼와 달리 수탉은 조그만 할 때부터 먹이를 주면 따라오고, 얄미우면 걷어차기도 하면서 내 부하처럼 키웠으니 정이 들 대로 들었던 것 같다.

## 고양이, 개

내가 초등학교에 입학하기 전의 일로, 작은형이 키우던 흑갈색 고양이 때문에 말이 많았다. 고양이는 해코지하면 앙갚

음한다는 둥, 늙으면 요물로 변해 사람이 죽으면 혼을 차고 앉아 시체를 일으켜 세워 돌아다니게 한다는 둥 해서, 어른들이 고양이를 갖다 버리라고 끈질기게 형을 설득하였다.

특히 어머니가 고양이를 아주 싫어했던 것 같다. 새벽에 밥을 지으러 부엌에 나가면, 시커먼 고양이가 부뚜막에 앉아 있다가 파란 안광을 번뜩이며 힐끗 쳐다본다고 상상해 보라. 누구라도 섬뜩했을 것이다. 고양이 입장에서는 따뜻한 부뚜막에서 잠을 자고 있었겠지만, 아무 생각 없이 부엌에 들어선 어머니는 기겁을 했던 모양이다.

어쨌든 고양이를 버리기로 결론을 내고, 작은형이 고양이를 안고 나간 지 한참 지났을 때다. 형은 아직 오지 않았는데 어이없게도 고양이가 먼저 집으로 돌아온 것이다. 조금 후 형이 들어와서 설명하는 내용을 들어보면, 고양이를 안고 손으로 눈을 가린 채 집에서 한참 떨어진 곳에 완벽히 갖다 버렸단다. 그런데 어떻게 집을 찾아왔는지 모르겠다고 하며 어른들의 요물론에 동조하는 기색이 역력했다.

선걸음에 형은 전차를 타고 자갈치까지 가서 시장에 있는 어느 영감님에게 주고 왔다고 한다. 아무튼 그 일 이후로 우리 식구들은 고양이를 집에서 키우지 않았다.

그런 일이 있고 얼마 후, 작은형은 개를 키웠다. 검은 바탕에 눈 주위와 배 부분이 주황색 털로 된 셰퍼드 반종처럼 보이는 잘 생긴 개로 이름은 도꾸였다. 평소 어른들이 도꾸는 영리해서 우리 식구가 동네 삽짝 밖에만 와도 발자국 소리를 알아듣고 짖지 않는다고 자랑했었다.

하루는 밤늦게 큰형이 술이 취한 채로 들어오자 실수로 짖었던 모양이다. 그럴 수밖에 없는 것이, 큰형은 한밤중에 대문을 두드릴 경우 1층 아랫방 사람이 깨거나 어머니가 2층에서 내려와 문을 열어주는 게 미안해서, 나무 대문에 난 틈 사이로 손가락을 넣고 빗장을 딸가닥거리며 열고 들어왔던 모양이다. 그 일로 빗자루로 몇 차례 얻어맞고 난 뒤부터는 큰형만 보면 꼬리를 뒷다리 사이에 만 채로 슬슬 기면서 집 속으로 얼른 피하던 기억이 난다.

어느 날 아침, 평소처럼 작은형이 도꾸를 데리고 뒷산에 운동시키러 갔다. 그리고 한참 후, 다리를 다쳐 걷지를 못한다고 하며 그 큰 개를 안고 땀을 뻘뻘 흘리며 돌아왔다. 도꾸는 개집 앞에 축 늘어져 있었다. 어른들 말로는 뱀에 물려서 그렇다고도 하고, 개울을 건너다 다리를 접질려서 그렇다고도 했다. 하여간 사흘 밤낮을 밥은 쳐다보지도 않고, 개집 앞에서 눈만 껌뻑거리고 있었다.

잠시 방에서 낮잠을 자고 나와 보니 도꾸가 보이지 않았다. 그동안 회복이 되어 밖에 나갔나 싶어 우리 집 마당에서 주위를 둘러봤다. 저 밑 아랫동네 우물가에 애들이 모여 있는 게 퍼뜩 눈에 들어왔다. 무슨 일인가 싶어 급히 쫓아 내려갔다. 애들이 우물을 중심으로 빙 둘러서 있는 안에는 어른 셋이서 나무 막대기를 들고 분주히 움직이고 있었다.

아이들 틈 사이로 얼굴을 삐죽이 내밀고 쳐다보니, 우물 옆에는 도꾸가 줄에 묶인 채로 축 늘어져 있었다. 도꾸를 매질로 두드려 잡을 것이라고 했다. 도꾸도 나를 알아보고 간절히 애원하는 눈빛으로 쳐다봤다. 눈물이 나서 도저히 더 보고 있을 수가 없었다. 얼른 집으로 쫓아와서는 어머니에게 왜 우리 개를 잡아먹도록 남에게 줬느냐고 항의했으나, 이미 돌이킬 수 없는 일이 돼 버렸다. 도꾸가 소생할 기미가 없자 더 이상 기력이 빠지기 전에 동네 어른들에게 보신이라도 시키도록 한 모양이다.

요즘이면 가축병원에 데려가서 치료를 하면 나을 수도 있었을 것 같은데, 안타깝게도 그 시절로서는 달리 방법이 없었다. 간혹 회상하는 어린 시절의 슬픈 기억의 하나로 남아 있다.

그 이후에도 많은 동물들과 함께 했으나 지금은 모두 내 곁에 없다. 동물은 키울 때는 귀엽고 좋은데 결국은 죽음 등으로 헤어지게 된다. 그 섭섭한 감정을 되풀이하기 싫어 동물들을 멀리했었다. 요즘은 생각이 조금 바뀌었다. 어릴 때의 나처럼 세 살 박이 손자가 동물을 워낙 좋아하기 때문이다.

# 아버지란 굴레

아버지! 입안에서 겉도는 말이다. 평소에도 자주 부르지 않는 이름이니 쉬 나올 것 같지 않다. 어머니에 대한 생각은 애절한데, 아버지에 대해서는 무덤덤하기만 하다. 가부장 시절의 아버지에 대한 대다수 자식들 일반의 심정이다.

아버지는 부산에 터전을 마련하고 살았지만, 고향은 언양 작천정 바로 위의 마을이다. 고향으로 가려면 언양행 시외버스를 타고 작천정 입구에서 내려야 한다. 거기서부터 300

여 그루의 벚나무가 약 1km에 걸쳐 양옆으로 죽 늘어선 곳을 지나면, 하천酌掛川을 낀 도로변에 정자酌川亭가 나타난다. 작괘천은 상앗빛을 띤 반석이 푸른 물, 깊은 계곡과 어우러져 절경을 이루고 있어 시인 묵객들이 자주 찾는 곳이다. 작천정은 이 하천의 가장 아름다운 곳에 3칸 규모로 고려 시대부터 위치해 있다. 정자 앞의 너럭바위는 긴 세월에 깎여 나가 넓은 마당이 되었고, 한곳이 움푹 파여 큰 술잔처럼 보인다. 간월산에서 흘러내린 물은 그 술잔을 사시사철 철철 넘치도록 채운다.

이런 선경仙境 같은 곳에서 태어난 아버지는 지독히도 궁색한 집안의 육 남매 중 장남이었다. 제사를 모셔오기 전, 기일이 되면 버스를 타고 시골로 떠났다. 그럴 때면 어린 나도 함께였다. 천지도 모르는 나를 왜 데려갔는지는 알 수 없다. 아마 '알토란같은 내 새끼'를 자랑하려고 그랬으리라.

늦은 밤, 부자父子는 혼잡한 버스에서 작천정 입구 대로변에 내동댕이치듯 부려졌다. 양복을 잘 차려입은 아버지는 아들을 들쳐 업고 양쪽으로 늘어선 벚나무 터널과 작천정 계곡길을 터덜터덜 걸어서 올라갔다. 작천정 계곡에는 지천으로 널린 옥석들이 달빛에 하얗게 부서지고 있었다. 어린 눈에도 정말 신비롭게 느껴졌다. 지금은 바위가 불그스레하게 세월의 때가 묻어 그런 풍광風光이 결코 나올 수 없다. 아버지와 함께한 가장 오래된 순백의 추억이다.

그 외는 다 읽은 신문지를 펼치고 먹을 갈아 글씨 공부를 하던 모습, 나를 수시로 불러 놓고 남의 것을 탐하지 말고 항상 바르고 정직하게 살아야 한다던 훈계의 말씀이 떠오른다. 옆집에 사는 이모부가 아버지는 법 없이도 살 분이라는 말을 자주 하던 기억도 있다. 이런 아버지 덕분에 '공부를 왜 하지?' 하는 고민도 없이 그냥 열심히 하는 게 당연한 줄 알았고, 남에게 피해를 주지 않으려고 무진 애를 쓰며 살았던 것 같다.

내가 결혼해서 2층에 전세를 얻어 살던 때의 일이다. 인근의 막냇동생 집에서 지내시던 아버지는 거의 매일 새벽, 뒷산 약수터에 들러 반말들이 물통을 현관 문 앞에 실며시 놓고 갔었다. 간혹 아내가 아버지를 기다렸다가 마실 것을 드렸다거나, 손아래 동서들과 근처 맛집에서 냉면을 대접했다는 말을 듣곤 했다. 아내가 자식인 나보다 낫다는 생각에 부끄럽기도 하고 고맙기도 했다. 자식의 건강을 위한다는 생각에 칠순의 노구老軀를 마다하고 무거운 물통을 져 나른 마음은 무척이나 행복하셨으리라. 그게 아버지 나름의 사랑을 표현하는 방식이었다는 사실을 나이 든 이제야 깨닫는다.

부모님은 말년에 자식들 집을 전전하며 고단하게 사셨다. 어머니가 우리 집에서 운명하시고 난 뒤에는 홀로된 아버지를 작은형이 모셨다. 동생들 둘과 나는 격주로 아버지를 찾아뵙곤 했다. 아버지는 자식들이 오지 않는 주말에도 2층 마당에 의자를 놓고 앉아서 하염없이 기다렸다고 한다. 치매끼가 있음에도 외로워서 못 살겠다며 1년 후에는 어머니 곁으로 가야겠다는 말씀을 자주 하시기도 했다. 우연찮게 정말 1년 만에 바라던 대로 어머니 곁으로 떠나셨다. 얼마나 외로웠으면 그랬을까. 자주 찾아뵙지 못한 일이 한恨으로 남는다.

아버지를 어머니 옆에 모실 때였다. 봄이었다. 장의차가 아버지의 고향집을 앞두고 벚꽃이 흐드러진 길과 커다란 바위가 여기저기 널린 작천정 계곡길을 달려갈 때는 아버지 등에 업혀 가던 밤 풍경이 생각나서 흐르는 눈물을 주체할 수가 없었다. 상여가 나갈 때에는 형편이 나아지면 잘 모시겠다는 생각의 어리석음에 얼마나 애절하게 통곡을 했던지. 초등학생이었던 아들과 딸이 장성한 지금도 그 장면을 이야기하곤 한다.

오래전, 텔레비전에서 〈내 딸 서영이〉라는 드라마를 방영한 적이 있다. 서영이의 아버지(천호진 분)가 극 중에서 했던 이런 대사가 기억난다. "자식은 태어날 때부터 부모 가슴에 커다란 돌덩이를 얹어 놓고, 커서도 치울 줄을 모른다." 아버지에게는 내가 그런 존재였는지 모른다. 얼마 전에 글공부를 위해 김정현의 소설 ≪아버지≫를 읽었다. 딸을 가진 아버지가 암에 걸려 죽어가면서도 자기 몸은 돌보지 않고 딸의 앞날만 걱정하는 마음이 너무나 안타까워서 손수건이 흠뻑 젖도록 울었다. 조창인의 소설 ≪가시고기≫처럼 자식을 위해서는 자기 몸도 기꺼이 희생하는 우리들의 아버지는 원래 그렇다.

아버지라는 이름은 속내를 드러내는 데 익숙지 않다. 자식이 불의의 사고로 생사의 기로에 섰다면, 꼭 본인의 잘못인 양 자책하면서도 흐트러진 모습을 보이지 않으려고 무진 애를 쓸 것이다. 자식이 예기치 못한 일에 휩쓸려 큰 어려움에 처한다면, 절대자를 믿지 않던 신념을 꺾고 무사히 극복하기를 간절히 기도할 것이다. 하나뿐인 아들이 굳이 혼자 살겠다면, 대가 끊기는 아쉬움은 뒤로 한 채 인생을 즐기면서 살기를 진정으로 바랄 것이다. 자식을 위하는 마음이 세상 어머니와 어찌 다를 바 있겠는가.

이런 속정도 모르고 자식들이 부모를 대하는 행태를 보면, 엄마는 항상 보호받아야 할 사람으로, 아버지는 만사를 혼자 힘으로 해결하고 해결해야 하는 슈퍼맨쯤으로 여긴다. 아버지도 나이가 들면 힘이 빠지고 위로받고 싶은데, 젊을 때의 강한 인상만을 기억해서 등한시한다. 그런 행태는 나처럼 후회할 행동임이 분명하다.

갓 돌이 지난 손자 녀석은 특이하게도 엄마보다 아빠 소리가 더 야무지다. 엄마가 아무리 밥을 떠먹여 줘도 한 번씩 안아 주는 아빠를 더 좋아한다. 자식들이 손자의 반만큼이라도 따라 했으면 좋겠다.

# 가없는 사랑

까마귀와 가시고기의 사랑을 아시나요? 하나는 치사랑이요, 다른 하나는 내리사랑의 본보기다. 흔히 내리사랑은 있어도 치사랑은 없다고 한다. 이 말이 사실이 아니기를 바라면서, 고령사회를 살아가는 마음의 자세를 가다듬고자 한다.

늙고 쇠약한 부모를 갖다 버리는 경우를 빗대어, '인생 칠십이면 고려장高麗葬'이라는 말이 있다. 고려와는 무관함에도, 당나라 시성 두보의 시 〈곡강〉 중 '인생 칠십 고래희人生七十古來稀'가 음이 비슷하여 와전된 것이라고 한다. 실제로 고려 시대는 불효자를 법으로 엄격히 처벌하는 등 효孝를 매우 강조하였다고 하니 고려장이 실재했을 리 없다. 어원이 잘못 전해져서 애먼 고려인만 욕 먹인 꼴이라 하겠다.

나는 어머니가 갓난아기인 나를 어떻게 키웠는지 알 수가 없다. 인간이 기억할 수 있는 임계점을 벗어났기 때문이다. 내 자식을 키울 때는 먹고살기 바쁘다는 핑계로 아내에게 육아를 전담시켰으니, 딱히 자식들을 어떻게 키웠다고 말할 거리가 없다. 기저귀도 제대로 갈아준 기억이 없어, 요즘 세대들이 들으면 간이 한참이나 배 밖으로 나왔다고 할 게 분명하다.

굳이 변명을 하자면, 우리는 조선시대의 가부장적 사고를 물려받은 세대라는 것. 바깥일은 남성, 집안일은 여성이라는 성별 분업 이데올로기가 만연할 때였다는 정도. 그래서 아내가 간혹 옛날 일을 회상하며, 장성한 아들이 갓난아기 때 이러저러했다는 전설 같은 이야기를 하면 반신반의한다.

딸이 결혼을 하고 아기를 낳았다. 내 자식 키울 때는 미처 몰랐던 일들이 눈앞에서 재연되고 있다. 하루는 백일이 덜 된 손자 녀석을 우리 집으로 데려왔을 때다. 나는 손자를 무릎에 안아 어르면서 귀여워 어쩔 줄 몰라 하고 있었다. 얼마 지나지 않아 녀석의 표정에 잔뜩 힘이 들어가고 뭔가 심상치 않은 기운이 느껴졌다. 그러자 얇은 이불보 밑의 내 무릎이 잠시 가볍게 진동을 하더니, 곧이어 구수한 냄새가 피어올랐다.

녀석의 엄마에게 인계하니까 딸내미 말이 이틀째 변을 못 누고 있었단다. 딸은 엄버지기로 싼 똥 기저귀를 갈면서도 대견한 표정이다. 할아버지 무릎에 볼일 본 것쯤은 안중에도 없다. 나도 왠지 할아비 역할을 톡톡히 한 것 같아 내 무릎이 대견스럽기까지 하다.

'아, 나도 어머니 무릎에서 저렇게 키워졌었구나!'

무릎, 무릎을 이르는 말 "슬膝"의 뜻을 아시나요? 자식을 몸에 앉혀 키우다가 검게 된, 부모의 사랑과 희생이 깃들어 있는 곳!

장인어른이 생전에 요양원에 입원해 있을 때다. 처남들과 나는 생선회를 좋아하는 장인을 위해 자주 회 거리를 장만

해서 요양원에 들렀다. 치매 증세가 있음에도 입맛은 변함이 없는지 정말 맛있게 잘 드시는 모습을 보고, 우리들은 자식 된 도리를 조금이나마 한 것 같아 가슴이 뿌듯했었다. 그러던 어느 날 요양원 측에서, 회를 드시고 나면 설사를 심하게 하여 뒤처리가 곤란하니 기름진 음식물 반입을 삼갔으면 하는 뜻을 에둘러 전해 왔다.

안타깝게도 그 이후로 회를 대접해드리지 못했다. 장인어른이 돌아가신 후 생선회를 대할 때마다 가슴 한편이 아릿하게 저려온다.

근자에 나와 띠동갑인 작은 형님이 평소 앓던 지병이 도져서 고생이 심하다는 이야기를 듣고 병문안을 갔었다. 형수는 아버지 생전에 형님의 효성 지극했던 일들을 들며, 조카가 본을 받아서 정말 잘한다고 자랑을 늘어놓았다. 같이 간 동생과 나는 꼭 죄인 된 심정으로 듣고만 있었다.

형님은 어려운 형편에도 치매기의 아버지를 모시면서 온갖 정성을 다했다. 형제들은 자기 앞가림하기도 힘들다는 사정을 들며, 그런 형님에게 제대로 힘이 되어 드리지 못했다. 고려장과 관련한 기로 설화耆老說話의 지게 이야기가 효를 강조하기 위해 전승되어 왔음이 분명할진대, 지난날의 철들지 못한 행태가 실로 부끄럽기 짝이 없었다.

코로나의 여파로 손자와의 사회적 거리가 제법 멀어져 있다. 한창 옹알이를 하고 방긋거리기도 하며 귀여움을 맘껏 발산할 때인데, 직접 보지 못하니 아쉬움이 가득하다. 딸은 이런 안타까운 마음을 헤아려 수시로 영상 통화를 해 온다. 영상으로 전해져오는 손자 놈의 동향을 보면, 한시도 내 딸을 자유롭게 두지 않는다. 껌딱지가 따로 없다.

자식들은 하나같이 어머니의 사랑과 희생은 당연시한다. 그러면서도 노환이 든 어머니 곁에는 잠시도 붙어 있기 힘들어한다. 그래서 시절이 그렇다는 명목으로 서둘러 요양원에 모시고 간다. 지금이 오히려 와전되었다는 고려장이 성행하고 있는 건 아닌지. 그렇게 하면서도 믿지 않으려 하는 것뿐.

요즘은 평균 팔십 이상은 산다. '인생 칠십이면 고려장'이 아니라 '아프거나 정신없으면 요양원'이라는 말로 대체되고 있다. 이제 그만 고려인의 억울한 굴레를 벗겨줘야겠다. 하기야 '긴 병에 효자가 없다'고, 평균 수명이 늘어난 것이 이런 실없는 생각의 단초라 하겠다.

또래 친구들이여! 뜻대로는 안 되겠지만, 제발 머리 쓰는 일을 게을리 말자. 건강관리, 특히 이빨과 무릎 연골 관리를 잘 하자. 심신이 허약해지기 전에 맛있는 것도 실컷 먹고, 여행도 많이 다니며 행복하게 살려고 애를 쓰자. 요양원에 들어가면 이런 쉬운 것들이 아쉬워지는 신세가 된다는 사실을 잊어서는 안 되겠다.

나이가 들어 기억이 가출하면, 무단히 집을 나와 길을 잃고 헤매게 된다고 한다. 그럴 때 거부감이 있더라도 어르신 명찰 차는 걸 두려워 말자. 명찰에는 자식들의 연락처와 함께 이렇게 적혀 있을 것이다.

"저희 부모님을 보호하고 계시면 연락 주세요. 감사합니다."

이렇게 되기 전, 요양원에 가겠다고 미리 선언해두자. 그것이 고령사회의 아비들이 자식들에게 해줄 수 있는 마지막 사랑이 아닌가. 온갖 정성으로 키운 자식, 천형天刑과도 같은 긴 치매 수발로 불효자가 되는 것은 막아야 하지 않겠나.

***

요양원, 요양병원 등에 입원해 계시다가 코로나로 영문도 모른 채 속절없이 숨져간 아버지, 어머니들이 너무나 많다. 자식들은 꼭 죄인 된 심정이리라. 이런 비극이 다시는 일어나지 않기를 바라면서, 떠나신 분들의 명복을 빈다.

# 믿음에 기대어

온 누리가 눈에 보이지 않는 적과 씨름 중이다. 매개체는 가까운 인간이다. 우리 부부도 사회생활을 이어가기 위해서는 AZ 백신을 접종해야 한다. 심정적으로는 화이자나 모더나를 맞고 싶지만 선택할 수 있는 사항이 아니다. 내가 먼저 온라인으로 예약하니 국민비서 구삐에게서 예약이 완료되었다는 알림톡이 왔다.

아내는 혈압약을 복용해 온 지 오래다. 백신 부작용에 민감할 수밖에 없다. 거기다 겁까지 많다. AZ 백신에 대한 불신으로 접종을 하지 않으려고 온갖 핑곗거리를 다 끌어댄다. 아들도 나중에 다른 백신을 맞으라며 불안감을 부추긴다. 그래도 육아 휴직이 끝나는 딸내미 대신 손자를 돌봐야 하므로 위험을 감수할 수밖에 없다. 실험쥐를 자처하며 내가 접종해서 상태가 좋지 않으면 안 맞아도 되니까 예약부터 하자고 꼬드겼다. 결국 아내도 구삐에게서 알림톡을 받았다.

접종 당일. 나는 독감 예방 접종을 두 차례 맞은 경험을 살려 예약된 동네병원에서 백신을 정말 편한 마음으로 맞았다. 미열이 있는 것 외에는 특이 사항이 없더니, 2주차에는 팔, 다리 관절 부위가 통풍이 온 것처럼 욱신거린다. 평상시에도 몸이 피곤하면 자주 나타나던 증세다. 다행히 며칠 그러고는 만다.

아내도 정확히 열흘 뒤에 같은 동네병원에서 백신을 맞았다. 미열 증상은 나와 같다. 3주차부터 두통이 심하게 나서 진통제를 먹고 질병관리청 콜센터에 전화로 신고했더니, 접종 받은 병원에 가보라고 한다. 병원에서 혈소판 검사를 위해 피를 뽑고, 링거를 맞았다. 나중에 혈전 증상과는 무관하다는 연락이 왔지만 별 차도가 없다. 근심과 걱정이 날로 깊어만 간다. 결국 전에 두통 증세로 진료를 받은 적이 있는 인근의 신경과 전문병원으로 갔다. 뇌혈류 초음파검사를 하고 진단된 병명은 편두통이다. 처방받은 약을 먹고 나니 조금은 편해졌단다. 그러다가 4주차에 접어드니 편두통이 좌에서 우로 넘어갔다고 한다. 눈이 빠질 듯이 아프다며 잠도 제대로 자지 못한다. 백신 맞기를 괜히 다그쳤나 싶어 걱정이 태산 같다.

그런 와중에 일요일이 되자 아내가 병색이 완연한 얼굴로 절에 간다고 나선다. 음력으로 칠월 보름인 백중百中은 1년에 한번 지옥문이 열리는 날이라고 한다. 그래서 그날까지 일주일에 한 번씩 여섯 차례 불공을 드리고 일곱 번째인 백중날에 회향回向하면, 지옥에 있거나 구천을 떠돌던 일체 인연의 영가靈駕들이 좋은 곳으로 갈 수 있다고 한다. 차로 절 앞까지 태워다 주면서도 심기가 편치 않다.

나는 사후 세계를 믿지 않는다. 가풍인 유교 사상이 몸에 밴 때문이리라. 그러니 불자인 아내가 하는 일이 지나치다고 생각할 때가 많다. 내가 먼저 죽는다면 내 의사와는 상관없이 절에서 49재를 올리는 것은 물론, 백중이 되면 내가 지옥에 있을 거라고 확신하여 그곳에서 벗어나라고 기도할 게 뻔하다. 아내의 나이 따라 돈독해지는 불심에 나의 반감도 비례한다.

아내는 모든 중생은 여섯 가지의 세상, 즉 육도六道를 윤회한다고 믿는다. 육도는 높은 곳에서부터 천天, 인간, 아수라, 축생, 아귀, 지옥의 세계로 분류한다. 이중 앞의 세 곳은 삼선도三善道, 뒤의 세 곳은 삼악도三惡道에 비교되는 곳이다. 이러한 세계는 중생이 몸과 말과 뜻으로 어떠한 업을 지었는가에 따라서 태어나 윤회하는 곳이라고 한다.

이중 삼악도는 유족이 칠칠재七七齋를 올리며 망자가 제발 그 세상에서만은 태어나지 않기를 염원하는 곳이다. 삼악도의 첫 번째인 축생도畜生道는 고통이 많고 낙이 적으며 성질이 무지하여 식욕과 음욕이 강할 뿐 아니라 서로 잡아먹고 싸우는 세계다. 새와 짐승과 물고기와 온갖 종류의 벌레들이 속한 세상을 말한다.

우연히 동영상 사이트를 통해 남의 둥지에 기생한 아기

뻐꾸기의 행태를 본 적이 있다. 털도 안 난 뻐꾸기가 꼭 통닭 같은 몰골을 하고, 숙주 새의 알과 새끼를 둥지 밖으로 밀쳐내고 있었다. 순간적으로 이게 바로 지옥이 아닐까 하는 혼란에 빠졌다. 사마귀의 생태도 같은 사이트에 올라왔다. 사마귀는 암컷이 수컷보다 덩치가 월등히 크다. 알을 낳기 위해 긴 시간 동안 교미를 하는 중에 허기가 지면 수컷의 머리를 먹어치운다. 머리가 없는 수컷은 그 이후로도 얼마간 살아서 암컷이 원하는 역할을 다한다. 암컷 먹이의 절반 이상이 수컷이라고 하니 인간의 악처는 비교도 안 된다. 삼악도 중에서도 제일 나은 곳인 축생도가 이 정도라니….

반려동물을 키우는 국내 가구가 2020년 기준으로 638만 가구에 달한다고 한다. 이렇게 인간과 가장 밀접한 관계에 있는 축생도가 악종惡種들만 있는 곳은 아니리라. 우리가 흔히 흉조로 여기는 까마귀는 늙은 어미에게 먹이를 물어다 주어, 새끼 때 길러 준 은혜에 보답한다反哺之孝고 한다. 심지어 한낱 미물에 지나지 않는 염낭거미는 갓 부화한 새끼에게 자기 몸을 먹이로 내주는 극단적인 모성애를 보인다고 한다. 이러니 천륜을 저버린 인간을 금수禽獸만도 못하다고 욕을 하는 모양이다.

우리 부부가 걷기 운동을 하는 뒷산 오솔길에는 우기가 되면 지렁이들이 꿈틀거리며 널브러져 있다. 아내는 밟지 않으려고 눈을 부릅뜨고 걷는다. 어떤 이는 막대기를 이용해 숲으로 돌려보내기도 한다. 모든 생명의 소중함과 인간이 윤회전생으로 어떤 모습으로 와있을지 알 수 없기 때문이리라.

무릇 무신론자인 나도 생전에 지은 악업으로 사후에 만약 축생도에 든다면 어떤 형태일지는 궁금하다. 윤회사상에 심취하다 보니 아내 때문에 틀어진 심사가 한결 누그러진다. 덩달아 아내도 지성으로 불공을 드려서 그런지 백신 후유증에서 서서히 벗어나는 모습이다.

불행히도 인간계를 바이러스가 지배하고 있다. 조금만 방심하면 모든 것을 송두리째 잃고 만다. 새로운 변이종이 힘든 군상들을 더 극한 상황으로 내몰고 있다. 수어진 것에 감사할 줄 모르는 인간의 교만함에 경종을 울리려는 것은 아닌지. 오늘도 마스크를 쓴 채 길을 나서며 이 시련이 어서 끝나기를 간절히 바래본다.